Fedelini

Spaghettini

Spaghetti

Perciatelli

Makkaroni

Linguine

Tagliatelle

Fettuccine

1,50/19

Pappardelle

alfredissimo!

Kochen mit Bio

*„Ich esse nichts so oft und so gerne wie Pasta!"*

# PASTA

## Spaghetti, Penne & Co.

Nudelrezepte aus der alfredissimo!-Küche

MOEWIG

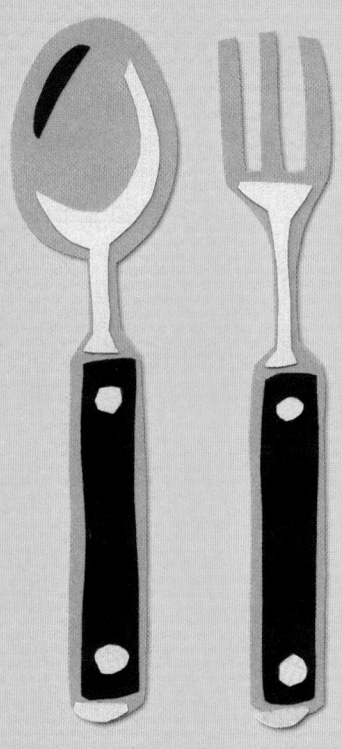

# INHALT

# SO EINFACH WIE PASTA

Nichts esse ich so oft und so gerne wie Pasta! Für mich ist Pasta der Inbegriff einfacher und doch guter Küche. Noch aus dem Wenigen, das sich auch ohne Einkauf in der Küche findet, lässt sich eine gute Pasta zaubern: Tomaten, Zwiebeln, Olivenöl, vielleicht ein paar Kräuter und selbstverständlich Parmesan. Ein Stück davon habe ich immer vorrätig, denn nur frisch geriebener Parmesankäse gibt der Pasta die besondere Note. Den fertig geriebenen aus der Packung kann ich dagegen nicht empfehlen.

Dabei gibt es durchaus abgepackte Zutaten, die sehr gut schmecken. Geschälte Tomaten zum Beispiel sind meiner Meinung nach viel besser als manch wässrige Treibhaustomate. Und Tomaten sind für mich die Basis für viele leckere Pastarezepte. Ich ziehe sie den Sahnesoßen vor. Doch keine Sorge, in der vorliegenden Sammlung finden sich natürlich auch wunderbare Rezepte mit hellen Sahnesoßen.

Im Fundus der alfredissimo!-Küche haben sich im Lauf der Zeit viele Pastarezepte angesammelt. Beim Durchschauen fanden wir es zu schade, sie in der Sendevorbereitungskladde liegen zu lassen. Nachdem die Rezepte nochmals gekocht und ausprobiert wurden und sich noch manch leckere Variante oder Alternative dazugesellte, beschlossen wir, die Sammlung zu veröffentlichen, so wie sie Ihnen hier vorliegt.

Ich wünsche Ihnen viel Spaß beim Kochen und einen guten Appetit!

7

# SPAGHETTI, PENNE & CO.

### Eine Nudel ist eine Nudel

Stimmt nicht! Es gibt Spaghetti, Makkaroni, Penne, Tagliatelle und, und, und. Schauen Sie doch einmal in unsere „roten Seiten" vorne und hinten im Buch. Und das ist nur die Auswahl der Sorten, die in unseren Rezepten Verwendung finden. Es gibt aber noch so viele mehr.

Das Buch, das Sie in der Hand halten, ist eine alfredissimo!-Liebeserklärung an Hartweizenpasta und Eiernudeln und ihre wunderbare Vielfalt in Form, Farbe und Geschmack. Es gibt Pasta in weizenhell und dottergelb, grüne Spinatnudeln, rote Tomatennudeln oder schwarze, gefärbt mit der Sepia des Tintenfisches. Lange, dünne, dicke, hohle, platte und runde, mit glatter oder gerillter Oberfläche. In der glatten Variante werden Nudeln wie zum Beispiel Penne mit dem Zusatz „lisce" versehen, in der gerillten heißen sie „rigate".

Sicherlich kennen Sie aus dem Supermarkt oder Bioladen das mittlerweile große Angebot an Vollkornnudeln. Diese sind dunkler. Frische Nudeln gibt es inzwischen nicht mehr ausschließlich nur beim „Italiener um die Ecke", sondern immer häufiger auch in Kühltheken.

Gemäß unserer alfredissimo!-Küchenphilosophie gibt es für den Einkauf selbstverständlich kein „Muss" in Sachen Nudeln. Erlaubt ist, was gefällt. Und vor allem, was Ihnen gut schmeckt.

Folgen Sie jedoch unseren Rezeptempfehlungen, so werden Sie feststellen, dass die von uns vorgeschlagenen Sorten in Verbindung mit den Zutaten für die jeweilige Soße nicht zufällig gewählt sind. So nehmen zum Beispiel Nudeln mit gerillter Oberfläche mehr Soße auf als glatte. Kurze Nudeln wie Farfalle, Orechiette, Conchiglie oder Rigatoni vertragen sich besser mit grob gehackten Zutaten. Lange, dünnere Nudeln wie Tagliatelle,

Spaghetti oder Fettuccine passen besser zu fein pürierten oder sahnigen Soßen. Allgemein kann man sagen: Je gröber und deftiger die Zutaten der Pastasoße, desto größer und dicker die Nudel.

Pasta kann Vorspeise, Zwischengang oder Hauptgericht sein. Und so bleibt es denn auch Ihnen überlassen, wie Sie unsere Rezepte nutzen wollen. In unserem Buch gehen wir in den Mengenangaben und Zutaten von einem Hauptgericht für vier Personen aus. Pro Person rechnet man etwa 125 g getrocknete Nudeln. Ist die Pasta als Vorspeise oder Zwischengang gedacht, so nehmen Sie entsprechend weniger.

### Pasta mit und ohne Ei

Es gibt grundsätzlich zwei Nudelsorten: mit Eizusatz oder aus 100 Prozent Hartweizengrieß. Eiernudeln sind etwas weicher im Biss und können daher besser zu Soßen mit Sahne, Butter oder Käse gereicht werden. Hartweizenpasta wiederum passt ideal zu den Tomatensoßen und denen mit Knoblauch, Oliven-öl, Kräutern oder Gemüse.

„Vom Einfachen das Beste" – diese von Alfred Biolek oft zitierte Maxime Oscar Wildes kennen Sie sicherlich aus zahlreichen Sendungen. Und daran sollten Sie auch denken, wenn es um die Nudel geht. Das heißt, auch beim Kauf von getrockneten Nudeln immer auf Qualität achten! Gute getrocknete, mit Ei hergestellte Tagliatelle zum Beispiel stehen frischen Nudeln in nichts nach.

### Pasta al dente

„Mit Biss" kommt dem italienischen Begriff „al dente" wahrscheinlich am nächsten. Was wiederum in der Praxis heißt, dass die Nudeln nicht mehr nach Mehl schmecken, keinen harten Kern mehr haben und dennoch nicht ganz durchgekocht sein sollten. In unseren Rezepten schreiben wir: „Nudeln bissfest garen". Klingt kompliziert, ist aber ganz einfach. Selbstverständlich ist Ihr eigener Geschmack das Maß aller Dinge.

Es gibt übrigens keine allgemein verbindliche Kochzeit für Nudeln. Auch die Garzeiten auf den Verpackungen sind nicht immer verlässlich. Frische Nudeln garen natürlich schneller als getrocknete, dünnere sind weitaus schneller bissfest als dickere. Hier hilft daher nur eins: Gegen Ende der angegebenen Garzeit immer mal wieder probieren, bis die Pasta die für Sie richtige Konsistenz erreicht hat.

### Pasta und Wasser

Nudeln wollen schwimmen. Das heißt, um beispielsweise 500 g Pasta zu kochen, sollte der Topf mindestens 5 Liter Salzwasser fassen. Wie viel Salz Sie dazugeben, bleibt Ihnen überlassen; wir nehmen etwa 1–2 Esslöffel auf diese Menge.

In unseren Rezepten finden Sie häufig die Angabe „Nach Bedarf die Soße mit etwas Kochwasser strecken". Das hat den Vorteil, dass die Stärke im Nudelwasser die Soße etwas bindet und sie gleichzeitig verlängert.

Unbedingt sollten Sie aber beachten, dass das Wasser sprudelnd kocht, bevor Sie die Nudeln hineingeben. Lange Sorten wie Spaghetti nicht brechen; sie werden nach kurzer Zeit ohnehin weich und gleiten dann vollständig ins kochende Wasser. Wichtig ist auch, das Umrühren nicht zu vergessen. So verhindern sie das Verkleben der Pasta. Nach dem Abgießen der Nudeln können Sie je nach Rezept entweder ein paar Tropfen Olivenöl oder ein wenig Butter unter die Nudel geben, sollten sie das Gefühl haben, sie „pappen" Ihnen zusammen.

### Pasta fertig!

In Italien heißt es: „Die Gäste warten, nicht die Pasta". Sind wir auch sonst in unserer alfredissimo!-Küche unkonventionell, so ist das ein absolutes „Muss". Versammeln Sie also Ihre Gäste zeitig am gedeckten Tisch, machen Sie Ihnen schon einmal Appetit bei einem guten Glas Wein und halten Sie die Soße, den Parmesan und eventuell noch etwas Pfeffer parat. Gibt es etwas Schöneres, als seinen Gästen zum Beispiel eine große

Schüssel dampfender Spaghetti mit einer wunderbar duftenden Soße mitten auf den Tisch zu stellen?

Bleiben Nudeln übrig, bringen Sie die inzwischen etwas angetrocknete und verklebte Pasta für den Nachschlag mit zurückbehaltenem Kochwasser wieder zu alter Konsistenz. Denken Sie aber daran, dass das Kochwasser gesalzen ist. Beim Würzen der Soßen mit Salz lieber sparsam umgehen. Denn wie sagt Alfred Biolek: „Nachsalzen geht immer, wegsalzen leider nicht."

### Parmesan am Stück

Auch der Parmesan hat einen beachtlichen Salzanteil. Er sollte immer erst kurz vor dem Servieren über die Soße gerieben werden, damit er sein Aroma nicht verliert. Pasta und Parmesan sind wie Topf und Deckel. Denn für viele Pastaliebhaber gehört frisch geriebener Parmesan unweigerlich zur Pasta dazu. Und selbstverständlich können Sie, wenn Sie mögen, über alle unsere Gerichte Parmesan geben. Hier ist immer nur Ihr Geschmack entscheidend. Folgen Sie aber unseren Empfehlungen, so werden Sie feststellen, dass wir Parmesan hauptsächlich bei deftigen Soßen und natürlich bei allen Tomatensoßen verwenden. Und dann ist er auch als Zutat angegeben.

Eines der wenigen alfredissimo!-Gebote lautet: Parmesan sollten Sie unbedingt nur frisch am Stück kaufen! Fertig geriebener, in Tüten abgepackter Parmesan schmeckt wie „Sägemehl".

### Typisch italienisch!

Für das klassische Basilikumpesto sollten Sie noch einen weiteren würzigen Hartkäse berücksichtigen: den Pecorino. Ebenfalls ein häufig verwendeter Käse in der Pastaküche ist der Ricotta. Den gibt es in der Regel in italienischen Feinkostläden. Bei Ricotta sollten Sie wissen, dass er schnell verdirbt. Daher immer frisch kaufen und möglichst am selben Tag verwenden. Schwer zu ersetzen ist „Salsiccia", eine würzige italienische Wurstspezialität aus frischem Schweinefleisch. Diese gibt es allerdings nur in italienischen Geschäften. Das in Metzgereien erhältliche gröbere Wurstbrät ähnelt der „Salsiccia" zwar, schmeckt jedoch anders.

### Alternativen

Pasta hat das ganze Jahr über Saison, einige der notwendigen Zutaten dagegen leider nicht. Doch es gibt Ersatz: Tiefgekühlter Spinat zum Beispiel schmeckt genauso gut wie frischer und lässt sich besser portionieren. Wir nennen Ihnen bei manchen Rezepten auch Alternativen, die eine preiswerte oder empfehlenswerte Variante darstellen. Unser Saltimbocca schmeckt beispielsweise nicht nur mit Kaninchenfilets. Mit feiner Hühnerbrust können Sie daraus eine ebenso gute Pasta zubereiten.

### Frische Kräuter in den Topf!

Glücklicherweise bekommt man die meisten Kräuter das ganze Jahr frisch auf den Märkten. Saisonunabhängig können Sie beim Gemüsehändler alle Kräuter vorbestellen. Sie sollten wissen, dass frische Kräuter wahre Sensibelchen sind – ihr Aroma verwässert, wenn man sie nicht richtig putzt.

Apropos Putzen! Für Kräuter gilt: Vorsichtig und kurz waschen und danach trockentupfen. Bei Gemüse sollten Sie es nicht viel anders halten.

Anders gehen wir bei Pilzen vor. Wenn nicht allzu viel Sand oder Erde an ihnen haftet, waschen wir sie nicht. Dann können Sie die Pilze mit einem nicht zu weichen Pinsel säubern oder mit einem Tuch abreiben. Geht es nicht ohne Wasser, dann müssen die Pilze nach dem Waschen trockengetupft werden. Bei Champignons sollten Sie vor dem Weiterverarbeiten die Stiele großzügig abschneiden. Bei Wildpilzen wie Pfifferlingen oder Steinpilzen sollten Sie schlechte Stellen und den trockenen Anschnitt wegschneiden.

### Echt scharf: Chilischoten

Chili oder Peperoncini – Pfefferschoten sind nicht alle gleich scharf. Eine Faustregel: je kleiner, desto schärfer, ob frisch oder getrocknet. Wollen Sie frische Schoten für Ihre Pasta verwenden, empfehlen wir Ihnen, die weißen Rippen und Kerne zu entfernen. Doch Vorsicht! Vor allem der Saft der Schoten kann auf empfindlicher Haut heftig und langanhaltend brennen. Also besser hinterher die Hände waschen.

### Tipps

Zu einigen Rezepten geben wir – mit dem alfredissimo!-Logo gekennzeichnet – Tipps und Vorschläge zu alternativen Zutaten, wenn Sie variieren wollen. Viele sind bei verschiedenen Rezepten nützlich. Wo sie im Einzelnen zu finden sind, sehen Sie auf Seite 93 im Register.

### Pasta ohne Grenzen

„Nudeln machen glücklich" hat mal ein kluger Mensch laut gedacht, und wir, das alfredissimo!-Team, führen diesen Gedanken weiter, wenn wir sagen: „Und mit Pasta is(s)t man selten alleine."

Viele der mittlerweile über 300 Gäste, die in den letzten Jahren mit Alfred Biolek in der Küche standen, haben uns mit originellen Pastavariationen überrascht. Ob vegetarisch, kalt, mit Fisch oder Fleisch – der Experimentierlust und Phantasie sind gerade bei Pastasoßen keine Grenzen gesetzt. Das gilt auch für Sie. Mit nur wenigen Abwandlungen können Sie eine ganz neue Pastavariante erfinden. Trauen Sie sich!

In diesem Sinne wünscht Ihnen das alfredissimo!-Team viel Spaß mit den Rezepten, ein frohes Gelingen und vor allem guten Appetit!

# PESTO & KALTE SOSSEN

# FARFALLE MIT GRÜNER KNOBLAUCH-ZITRONENSOSSE

**Pesto mit Basilikum, Salbei, Petersilie und abgeriebener Zitronenschale**

*500 g Pasta, z.B. Farfalle*

*1 unbehandelte Zitrone*

*1 Bund glatte Petersilie*

*4 Salbeiblätter*

*8 große Basilikumblätter*

*4 Knoblauchzehen*

*100 ml Olivenöl*

*100 g milder Pecorino*

*Salz und schwarzer Pfeffer*

Zitrone waschen und die Schale abreiben. Petersilie, Salbei und Basilikum putzen. Mit der Zitronenschale, den geschälten Knoblauchzehen und dem Öl im Mixer pürieren, bis eine cremige Soße entsteht. Pecorino reiben und in einer Schüssel mit dem Kräuterpüree vermischen.

Pasta in reichlich Salzwasser bissfest garen. Beim Abgießen etwas Kochwasser zurückbehalten. Die Nudeln in der Schüssel mit der Soße vermengen, mit Salz abschmecken und nach Bedarf mit Pastawasser strecken. Mit frisch gemahlenem schwarzem Pfeffer servieren.

 **Zitronenschale abreiben**

Ein Stück Pergamentpapier über eine Reibe legen. Die Zitronenschale auf dem Pergamentpapier vorsichtig abreiben und die abgeriebene Schale mit dem Papier von der Reibe heben.

# PASTA MIT PEPERONI UND INGWER

**Soße mit Basilikum, Macadamia-Nüssen, Ingwer und Peperoni**

*500 g Bandnudeln, z.B. Fettuccine*

*1 milde rote Peperoni*

*50 g eingelegter rosa Ingwer (aus dem Asialaden)*

*100 g Thai-Basilikum*

*50 g Macadamia-Nüsse, grob gehackt*

*Salz*

*Olivenöl*

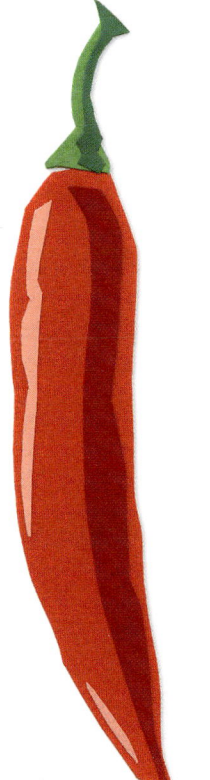

Peperoni halbieren, weiße Rippen und Kerne entfernen. Ingwer, Peperoni und geputztes Basilikum in Streifen schneiden; einige Blättchen Basilikum zurückbehalten. Die gehackten Macadamia-Nüsse in der Pfanne ohne Fett leicht anrösten.

Pasta in reichlich Salzwasser bissfest garen. Peperoni, Basilikum, Ingwer und angeröstete Nüsse unter die abgegossene Pasta mischen, auf Tellern mit Olivenöl beträufeln und mit den restlichen Basilikumblättchen garnieren.

# SPAGHETTI MIT SCHNITTLAUCHPESTO

**Pestovariante mit Schnittlauch statt Basilikum**

Schnittlauch putzen und klein schneiden. Parmesan grob zerteilen und zusammen mit den Pinienkernen, dem Schnittlauch, dem geschälten Knoblauch und Salz kurz im Mixer pürieren. Unter Zugabe des Olivenöls weitermixen, bis das entstehende Pesto eine geschmeidige Konsistenz hat.

Pasta in reichlich Salzwasser bissfest garen. Beim Abgießen etwas Kochwasser zurückbehalten. Das Pesto mit den heißen Nudeln vermischen und nach Bedarf etwas Kochwasser zugeben. Mit frischem, grob gemahlenem schwarzem Pfeffer anrichten.

*500 g Spaghetti oder Spaghettini*

*1 Bund Schnittlauch*

*50 g Parmesan*

*50 g Pinienkerne*

*1 Knoblauchzehe*

*Salz, schwarzer Pfeffer aus der Mühle*

*etwa 100 ml Olivenöl*

# PASTA MIT RADICCHIO UND PESTO

**Geröstete Pinienkerne und leicht bittere Radicchiostreifen auf kurzen Nudeln**

500 g kurze Nudeln, z.B. Rigatoni
1 Bund Basilikum
20 g Parmesan
1 Knoblauchzehe
125 ml Olivenöl
100 g Pinienkerne
Salz und Pfeffer
1 Radicchio
2 Schalotten

Basilikum putzen, zupfen und mit dem Parmesan, der geschälten Knoblauchzehe, 110 ml Olivenöl und 30 g Pinienkerne im Mixer pürieren. Das Pesto mit Salz und Pfeffer abschmecken.

Radicchio putzen und den Strunk entfernen, Schalotten schälen und halbieren. Beides in Streifen schneiden. Schalotten in restlichem Öl anschwitzen. Die Radicchiostreifen dazugeben, kurz mitschwitzen und vom Feuer nehmen. Die übrigen Pinienkerne in einer weiteren Pfanne ohne Fett leicht anrösten.

Pasta in reichlich Salzwasser bissfest garen. Die abgegossenen Nudeln mit dem Pesto und Radicchio vermischen, auf tiefen Tellern anrichten und mit den gerösteten Pinienkernen bestreuen.

# OLIVENPESTO MIT FRISCHER MINZE

**Makkaroni mit einer Soße aus grünen Oliven, Knoblauch, Minze und Parmesan**

Oliven entsteinen, für die Dekoration einen kleinen Teil davon hacken und beiseite stellen. Von der geputzten Minze ebenfalls einige Blätter beiseite legen. Den Rest der Oliven und der Minze mit geschältem Knoblauch, Parmesan und dem Öl im Mixer pürieren. Mit Salz abschmecken.

Die Nudeln in reichlich Salzwasser bissfest garen und beim Abgießen etwas Kochwasser zurückbehalten. Die Pasta mit dem Pesto vermischen, nach Bedarf mit dem Kochwasser strecken und auf Tellern anrichten. Die gehackten Oliven darüber streuen und mit Minze dekorieren.

*500 g Pasta,*
*z.B. Perciatelli oder Makkaroni*

*170 g grüne Oliven*

*1 großes Bund frische Minze*

*2-3 Knoblauchzehen*

*6 Esslöffel geriebener Parmesan*

*100 ml Olivenöl*

*Salz*

 **Pesto auf Vorrat**

Pesto hält sich im verschlossenen Glas, mit Olivenöl bedeckt, gut eine Woche im Kühlschrank. Mit Nudelwasser verdünnt schmeckt es fast wie frisch gemacht.

## ZIEGENKÄSE UND TOMATE

Pasta mit frischer Käsecreme, Tomatenwürfeln und gehackten Trockentomaten

*500 g dünne Nudeln, z.B. Spaghettini*

*200 g frischer, milder Ziegenkäse*

*70 ml Olivenöl*

*900 g gut gereifte Tomaten*

*Salz*

*4–6 Esslöffel getrocknete Tomaten,
zwei Stunden in Wasser eingeweicht und fein gehackt*

Ziegenkäse mit einer Gabel zerdrücken und mit dem Öl vermengen, bis eine glatte, cremige Masse entsteht. Die Tomaten häuten, entkernen, das Fleisch fein würfeln und vorsichtig unter die Käsecreme mischen. Mit Salz abschmecken.

Nudeln in reichlich Salzwasser garen. Beim Abgießen etwas Kochwasser für die Soße zurückbehalten. Die abgegossene Pasta mit der Käsecreme vermischen, eventuell mit dem Kochwasser strecken, auf Tellern anrichten und mit den gehackten getrockneten Tomaten bestreuen.

# PASTA MIT ZWIEBELRINGEN UND FETA

**Eine Soße, die an griechischen Bauernsalat erinnert**

Petersilie und Oregano putzen, einige Petersilienblätter zurückbehalten, den Rest zusammen mit dem Oregano hacken und in
einer großen Schüssel mit dem Olivenöl vermischen.

Chilischote aufschneiden, Kerne und weiße Rippen entfernen,
die Schote hacken und mit den geschälten und durchgepressten
Knoblauchzehen ebenfalls in die Schüssel geben. Schwarze Oliven entsteinen und hacken. Die Zwiebel schälen, in feine Ringe
schneiden, mit dem zerbröselten Feta, den Kapern und den
Oliven unter die Kräuter mischen. Mit Salz abschmecken.

Pasta in reichlich Salzwasser bissfest garen und beim Abgießen
etwas Kochwasser übrig lassen. Die abgegossenen Nudeln in der
Schüssel mit der Kräutersoße mischen. Nach Bedarf die Soße mit
etwas Kochwasser strecken. Auf Tellern anrichten und mit den
restlichen Petersilienblättern garnieren.

*500 g kurze Nudeln, z.B. Penne*

*1 Bund glatte Petersilie*

*4–6 frische Zweige Oregano*

*5 Esslöffel Olivenöl*

*1 frische Chilischote*

*2 Knoblauchzehen*

*12 schwarze Oliven*

*1 kleine rote Zwiebel*

*120 g Feta (Schafskäse in Salzlake)*

*2 Teelöffel Kapern*

*Salz*

# PASTA MIT KRÄUTERN, CASHEWNÜSSEN, PECORINO

Soße mit frischer Minze, Koriander, Salbei und Basilikum

Die gehackten Kräuter und Cashewnüsse in einer Schüssel mit dem Olivenöl vermischen. Durchgepressten Knoblauch und den Pecorino unter die Kräutermischung rühren, mit Salz und Pfeffer abschmecken.

Pasta in reichlich Salzwasser bissfest garen und beim Abgießen etwas Kochwasser zurückbehalten. Die abgegossenen Nudeln mit der kalten Soße mischen, nach Bedarf mit etwas Kochwasser strecken und auf Tellern anrichten.

**Das geht auch als Pesto**

Wenn man die Soße zum Schluss im Mixer püriert, bekommt man eine leckere Variante, bei der sich die Aromen in typischer Pesto-art mehr verbinden.

*500 g kurze Nudeln, z.B. Penne*

*jeweils 2 Esslöffel:*

*- gehackte Minzeblätter*

*- gehackter Koriander*

*- gehackter Salbei*

*- gehacktes Basilikum*

*30 g Cashewnüsse, gehackt*

*6 Esslöffel Olivenöl*

*1 Knoblauchzehe, geschält*

*30 g geriebener Pecorino*

*Salz und Pfeffer*

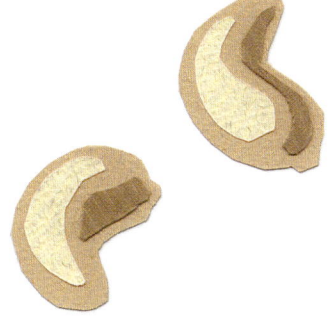

# ROTES PESTO

Eine scharfe, dunkle Pestovariante mit getrockneten Tomaten

Pinienkerne ohne Fett in einer Pfanne anrösten, beiseite stellen. Chilischoten aufschneiden, weiße Rippen und Kerne entfernen und Schoten grob hacken. Tomaten etwas abtropfen lassen und mit Pinienkernen, geschältem Knoblauch, entsteinten Oliven und Chili im Mixer pürieren. Thymian und Rosmarin putzen, Blätter bzw. Nadeln abzupfen, fein hacken und mit Olivenöl und Pecorino unter das Püree rühren.

Pasta in reichlich Salzwasser garen. Beim Abgießen etwas Kochwasser zurückbehalten. Die abgegossenen Nudeln mit dem roten Pesto vermischen und nach Bedarf mit dem Kochwasser verflüssigen.

*500 g Pasta, z.B. Rigatoni*

*2 Esslöffel Pinienkerne*

*1-2 kleine rote Chilischoten*

*250 g getrocknete Tomaten in Öl*

*2 Knoblauchzehen*

*25 schwarze Oliven*

*½ Bund Thymian*

*1 Zweig Rosmarin*

*100 ml Olivenöl*

*50 g geriebener Pecorino*

*Salz*

 **Getrocknete Tomaten selbst einlegen**

Getrocknete Tomaten in Rotwein weich kochen, abgießen und – je nach Geschmack – mit Kräutern, Knoblauch und Chili würzen. Mit Olivenöl bedeckt in ein Schraubglas füllen. Hält sich im Kühlschrank über Wochen.

# PASTA MIT SALSA ROSSA

**Tomatensoße mit feinem Senf, die man kalt und warm verwenden kann**

Tomaten häuten, entkernen und klein schneiden. Zwiebel und Knoblauch schälen, klein hacken und in 1 Esslöffel Öl anschwitzen. Die Tomaten dazugeben und mit etwa ¼ l Wasser und etwas Salz zum Kochen bringen. Dann den Essig und den Zucker einrühren. Die Soße etwa eine halbe Stunde einkochen, bis sie eingedickt ist. Das restliche Olivenöl und den Senf in die Soße rühren, vom Feuer nehmen und abkühlen lassen. Mit Salz und Pfeffer abschmecken.

Pasta in reichlich Salzwasser bissfest garen. Die abgekühlte rote Soße mit den abgegossenen Nudeln vermischen und auf Tellern anrichten. Mit Pfeffer aus der Mühle servieren.

*500 g Spaghetti*

*1 kg reife Tomaten*

*1 Zwiebel*

*2 Knoblauchzehen*

*4 Esslöffel Olivenöl*

*Salz und Pfeffer*

*1–2 Esslöffel Essig*

*3 Esslöffel Zucker*

*2 Teelöffel feiner Senf, z.B. Dijon-Senf*

 **Aus Pastasoße wird Antipasto**

Salsa rossa lässt sich mit Olivenöl bedeckt einige Tage im Kühlschrank aufbewahren und eignet sich sehr gut als Crostini-Paste auf gerösteten Brotscheiben zum Antipasto.

# GEMÜSESOSSEN

# SPAGHETTI MIT INGWER

Traditionelle Tomatensoße mit frischem Ingwer

*500 g Spaghetti*

*40 g Ingwerknolle*

*2 Schalotten*

*2 Knoblauchzehen*

*8 Tomaten, gehäutet*

*½ Bund glatte Petersilie*

*60 g Butter*

*Zucker*

*Salz und Pfeffer*

Ingwer schälen und klein hacken. Schalotten und Knoblauch schälen und fein würfeln. Tomaten in Stücke schneiden. Petersilie putzen, die Blättchen abzupfen und hacken. Schalotten, Knoblauch und Ingwer in 50 g Butter glasig dünsten. Den Zucker und die Tomatenstücke dazugeben und die Soße unter gelegentlichem Rühren einkochen lassen. Vom Feuer nehmen, pürieren und mit Salz und Pfeffer abschmecken.

Pasta in kochendem Salzwasser garen. Die abgegossenen Nudeln mit Soße, der restlichen Butter und Petersilie vermengen und servieren.

 **Frischer Ingwer**

Frischen Ingwer erkennt man am Druck: Die Knolle soll fest und prall sein.

# SPAGHETTI MIT TOMATEN UND KAROTTEN

**Eine deftige, dunkle Tomatensoße mit Chili, Curry und Paprika**

Karotten und Sellerie putzen und auf der Reibe grob raspeln. Frühlingszwiebeln putzen und in feine Ringe schneiden. Die Knoblauchzehen schälen und fein hacken. Zwiebeln schälen und fein würfeln. Die schwarzen Oliven entsteinen und klein schneiden. Tomaten grob zerteilen.

Das Olivenöl im Kochtopf erhitzen und die Zwiebelwürfel darin kurz anbraten. Frühlingszwiebelringe dazugeben und unter Rühren andünsten. Karotten, Sellerie, Oliven, Tomatenstücke und etwas Tomatenmark dazugeben und alles durchkochen. Nach einigen Minuten den Knoblauch zufügen.

Spaghetti in reichlich Salzwasser bissfest garen. Die Soße mit Paprikapulver, Chili, Curry, grob gemahlenem Pfeffer und schließlich mit Salz und Zucker abschmecken.

Die Spaghetti abgießen und etwas Kochwasser zurückbehalten. Die Pasta im Topf mit der Soße vermischen und nach Bedarf mit 1–2 Esslöffeln Pastakochwasser strecken.

*500 g Spaghetti*

*3 Karotten*

*¼ Sellerieknolle*

*1 Bund Frühlingszwiebeln*

*2–3 Knoblauchzehen*

*3 Zwiebeln*

*50 g schwarze Oliven*

*8–10 Tomaten*

*50 ml Olivenöl*

*1–2 Esslöffel Tomatenmark*

*Salz, grob gemahlener Pfeffer*

*Paprikapulver*

*Chilipulver*

*Curry*

*Zucker*

# PASTA MIT OLIVEN, KAPERN, KIRSCHTOMATEN

**Kräftige Soße mit frischer Petersilie und gutem Olivenöl**

Kapern eine halbe Stunde wässern, abgießen und grob hacken. Tomaten vierteln. Oliven entsteinen und in Stücke schneiden. Petersilie putzen, Blättchen abzupfen und hacken. Durchgepressten Knoblauch und Tomatenviertel in 2–3 Esslöffel Olivenöl erhitzen. Kapern, Oliven und Petersilie dazugeben, kurz kochen, vom Feuer nehmen und mit Salz abschmecken.

Die Nudeln in kochendem Salzwasser bissfest garen und beim Abgießen etwas Kochwasser beiseite stellen. Die Pasta mit der Soße und dem restlichen Olivenöl vermengen. Nach Geschmack die Mischung mit etwas Kochwasser strecken und mit schwarzem Pfeffer servieren.

*500 g schmale Nudeln, z.B. Linguine*

*100 g Kapern*

*10 Kirschtomaten*

*100 g schwarze Oliven*

*1 Bund glatte Petersilie*

*1 Knoblauchzehe*

*4–5 Esslöffel bestes Olivenöl*

*Salz, schwarzer Pfeffer aus der Mühle*

# RIGATONI MIT TOMATEN, FENCHEL, PEPERONI

Eine scharfe, lockere Gemüsepasta – fast wie ein warmer Nudelsalat

Gehäutete Tomaten vierteln und die Kerngehäuse entfernen. Peperoni längs halbieren und ebenfalls die Kerne und Rippen entfernen. Den Fenchel vierteilen, Strunk entfernen und die Stücke in feine Streifen schneiden. Basilikum putzen und zupfen.

Die Fenchelstreifen in Olivenöl anschwitzen, dann die Tomaten, Peperoni und den zerdrückten Knoblauch dazugeben und weiter anschwitzen. Wenn der Fenchel gerade noch Biss hat, den Balsamico unterrühren, mit Salz und Pfeffer abschmecken und beiseite stellen.

Pasta in reichlich Salzwasser garen, abgießen und im Topf mit der Fenchelsoße vermischen. Die Nudeln auf Tellern anrichten und mit den Basilikumblättchen dekorieren.

*500 g kurze Nudeln, z.B. Rigatoni*

*8 Strauchtomaten, gehäutet*

*100 g mittelscharfe Peperoni*

*1 Fenchelknolle*

*1 kleines Bund Basilikum*

*4 Esslöffel Olivenöl*

*1 Knoblauchzehe, geschält*

*1 Esslöffel Balsamico*

*Salz und Pfeffer*

# BROKKOLIPASTA MIT PARMESAN

Mandelblätter, Parmesan und Brokkoliröschen auf grünen Bandnudeln

Brokkoli putzen, in kleine Röschen zerteilen und in kochendem Salzwasser 3-5 Minuten garen; dabei sollten sie gerade noch fest bleiben. Die Röschen in Eiswasser kurz abschrecken und beiseite stellen.

Pasta in reichlich Salzwasser garen. Die Mandelblätter in einer Pfanne mit 60 g Butter sanft goldbraun rösten. Gemüsefond in einem flachen Topf aufs Feuer setzen und darin den Brokkoli erwärmen.

Die abgegossenen Nudeln mit der restlichen Butter, Olivenöl, frisch geriebener Muskatnuss und dem Brokkoli vermischen, auf Tellern anrichten und mit den gerösteten Mandelblättern bestreuen. Nach Geschmack mit Parmesan und Pfeffer aus der Mühle servieren.

*500 g grüne Bandnudeln, z.B. Tagliatelle*

*1 ganzer Brokkoli*

*Salz und Pfeffer aus der Mühle*

*Eiswasser*

*40 g Mandelblätter*

*80 g Butter*

*200 ml Gemüsefond*

*2-3 Esslöffel Olivenöl*

*Muskatnuss*

*100 g Parmesan*

**Tipp zum Brokkoli**

Für diese Soße eignen sich nur die Röschen und ein kleines Stück der dünneren Stiele. Die dickeren Teile kann man für eine andere Gelegenheit ein bis zwei Tage im Kühlschrank aufbewahren. In etwas Butter geschmort und mit Salz und Pfeffer abgeschmeckt, ergibt das eine kleine Vorspeise.

# PASTA TRICOLORE

**Basilikumnudeln mit getrockneten Tomaten und Parmesanspänen**

Getrocknete Tomaten und geputztes Basilikum in feine Streifen schneiden. Das Stück Parmesan auf einer Gemüsereibe in Späne reiben.

Die Pasta in reichlich Salzwasser bissfest garen. In einer Pfanne oder einem flachen, großen Topf die Tomatenstreifen in Butter anschwitzen. Die abgegossenen Bandnudeln zu den Tomatenstreifen geben, mit Salz abschmecken, Olivenöl darüber träufeln und auf mittlerer Hitze vermengen. Vom Feuer nehmen, das Basilikum darunter mischen und die Pasta auf Tellern anrichten. Balsamico über die Pasta träufeln, Parmesanspäne darüber streuen und mit Pfeffer aus der Mühle servieren.

*500 g Bandnudeln, z.B. Tagliatelle*

*150 g getrocknete Tomaten, etwa zwei Stunden in Wasser eingeweicht*

*1 Bund Basilikum*

*200 g Parmesan*

*Salz und Pfeffer aus der Mühle*

*80 g Butter*

*2–3 Esslöffel Olivenöl*

*6–8 Esslöffel alter, gereifter Balsamico*

# SCHARFE AUBERGINENSOSSE

**Aubergine, Chili, Koriander und schwarze Oliven**

500 g Nudeln, z.B. Linguine

1 große Aubergine

1 Dose geschälte Tomaten (400 g)

1 Teelöffel Korianderkörner

1-2 getrocknete Peperoncini

125 g schwarze Oliven

1 Bund Basilikum

Olivenöl

Salz und Pfeffer

1 Esslöffel Rotweinessig

etwa 150 g Parmesan

Aubergine waschen und in 1 cm dicke Scheiben schneiden. Tomaten abtropfen und hacken. Koriander und Peperoncini im Mörser zerstoßen. Oliven entsteinen. Das Basilikum waschen, trockentupfen, Blätter abzupfen und grob hacken.

Etwa 6–8 Esslöffel, bei Bedarf auch mehr, Olivenöl in einer Pfanne erhitzen und darin die Auberginenscheiben zusammen mit Koriander und Chili goldbraun braten. Die Tomaten dazugeben und einige Minuten köcheln lassen. Dann die Olivenstücke unterrühren und einkochen lassen, bis die Soße sämig wird. Mit Salz, Pfeffer und nach Geschmack mit etwas Essig abschmecken.

Pasta in reichlich Salzwasser garen. Die abgegossenen Nudeln mit der Soße vermischen, auf Tellern anrichten und mit Basilikum und geriebenem Parmesan bestreuen.

# PENNE MIT KÜRBISSOSSE

**Eine scharfe, leicht süße Soße zu kurzen Nudeln**

Kürbis schälen, die Kerne herausnehmen und das Fruchtfleisch würfeln. Die Rippen und Kerne von der Chilischote entfernen und die Schote fein schneiden. Knoblauch schälen, mit einem flachen Messer etwas pressen und in einem Topf mit erhitztem Öl schwenken, dann herausnehmen.

Die Schalottenringe zusammen mit dem Ingwer im heißen Öl andünsten. Kürbis und Chili dazugeben und anbraten. Mit Portwein und Essig ablöschen, braunen Zucker unterrühren und zugedeckt etwa eine halbe Stunde köcheln lassen. Ab und zu umrühren.

Pasta in reichlich Salzwasser al dente garen. Die Kürbissoße pürieren, mit Paprikapulver, Kurkuma, Salz und geriebener Muskatnuss abschmecken. Die Soße unter die abgegossenen Nudeln mischen und nach Geschmack mit frisch geriebenem Parmesan servieren.

*500 g kurze Nudeln, z.B. Penne oder Farfalle*

*400 g Kürbis, nur das Fruchtfleisch*

*1 frische rote Chilischote*

*1 Knoblauchzehe*

*2-3 Esslöffel Olivenöl*

*3 Schalotten, geschält und in Ringe geschnitten*

*1 Teelöffel frisch geriebener Ingwer*

*100 ml Portwein*

*1-2 Esslöffel Weißweinessig*

*1 Esslöffel brauner Zucker*

*Salz*

*1 Teelöffel Paprikapulver*

*1 Teelöffel Kurkuma*

*Muskatnuss*

*Parmesan*

# GEMÜSESOSSEN MIT SAHNE

# PENNE VERDURA

Eine Gemüsesoße mit Honig und Koriander über kurzen Röhrennudeln

Zwiebeln und Knoblauch schälen und fein würfeln. Möhren, Zucchini, Champignons putzen und in dünne Scheiben schneiden. Falls nötig, die Fäden von den Zuckerschoten abziehen. Korianderkörner im Mörser zerstoßen.

In einer Pfanne oder einem flachen Topf das Öl erhitzen und darin Zwiebeln und Knoblauch andünsten. Dann die Möhren dazugeben und fast fertig garen. Nun die Zuckerschoten, die Erbsen, die Zucchini und die Champignons untermischen und einige Minuten weiter dünsten.

Die Pasta ins kochende Salzwasser geben und al dente garen. Mit dem Weißwein die Gemüsepfanne ablöschen und mit Honig, Koriander, Salz und Pfeffer abschmecken. Zum Schluss die Soße mit der Sahne abrunden. Die abgegossenen Penne mit der Gemüsesoße anrichten und servieren.

*500 g Penne*

*2 Zwiebeln*

*1–2 Knoblauchzehen*

*1–2 Möhren*

*2 Zucchini*

*125 g Champignons*

*125 g Zuckerschoten*

*10–15 Korianderkörner*

*2–3 Esslöffel Olivenöl*

*100 g frische Erbsen oder Tiefkühlerbsen*

*Salz und Pfeffer*

*100 ml Weißwein*

*4 Teelöffel Honig*

*2–3 Esslöffel Sahne*

**Pasta mit „Biss"**

Den richtigen „Biss" hat die Pasta, wenn sie beim Durchbeißen keinen festen Kern mehr hat, aber dennoch nicht ganz durchgekocht ist: Ab und zu mal probieren.

# SPAGHETTINI MIT ZITRONENSAHNE

Eine Soße mit Zitronenschale auf dünnen Spaghetti

Zitrone und Limone gut waschen und die Schalen abreiben. Beide Früchte auspressen. Basilikum putzen, trockentupfen und hacken.

Sahne in einem Topf aufkochen lassen. Gekörnte Brühe und den Saft von Zitrone und Limone dazugeben. Alles simmern lassen und dann beiseite stellen. Etwas von der Sahne nehmen, die Eigelbe darin verquirlen und zurück in den Sahnetopf geben. Das Basilikum und die abgeriebenen Schalen in die Soße rühren, mit Salz und Pfeffer abschmecken.

Die Nudeln in reichlich Salzwasser bissfest garen, abgießen und mit der Zitronensahne vermischen.

*500 g dünne Spaghetti, z.B. Spaghettini*

*1 Zitrone, unbehandelt*

*1 Limone (Limette), unbehandelt*

*1 Bund Basilikum*

*200 ml Sahne*

*2 Teelöffel gekörnte Gemüsebrühe*

*2 Eigelb*

*Salz und Pfeffer*

 **Pastaschüssel vorwärmen**

Mit dem Kochwasser der Pasta kann man ganz einfach die Servierschüssel für die Pasta vorwärmen.

# CANNELLONI MIT RICOTTA-TOMATENFÜLLUNG

Füllung aus getrockneten Tomaten, Basilikum und Ricotta

*10–12 Cannelloni*

*100 g getrocknete Tomaten*

*1 kleines Bund Basilikum*

*250 g Ricotta*

*Salz und Pfeffer*

*50 g Butter*

*1 Knoblauchzehe*

*100 g Parmesan, frisch gerieben*

*50 g Pinienkerne*

Getrocknete Tomaten etwa zwei Stunden in Wasser einweichen und dann in Streifen schneiden. Basilikum putzen, die Blättchen abzupfen und hacken. Tomatenstreifen und das Basilikum unter den Ricotta mischen und zu einer geschmeidigen Creme verrühren; mit Salz und Pfeffer abschmecken.

Cannelloni in reichlich Salzwasser nur knapp bissfest garen. Da sie noch überbacken werden, sollten sie nicht zu weich sein. Die abgegossenen Cannelloni mit der Ricottamischung füllen, zum Beispiel mit einem Spritzbeutel mit großer Tülle oder einem Löffel. Eine feuerfeste Form mit 10 g Butter und der geschälten Knoblauchzehe ausreiben und die Cannelloni darin nebeneinander platzieren.

Restliche Butter in einem Topf schmelzen, vom Feuer nehmen. Den geriebenen Parmesan und die Pinienkerne unterrühren und über den Cannelloni verteilen. Im vorgeheizten Ofen bei 180° C etwa 15 Minuten überbacken; dabei sollte der Parmesan schmelzen aber nur wenig braun werden.

# MUSCHELNUDELN MIT INGWERSOSSE

**Erdnüsse, Koriander, Karotten und Ingwersahne**

Schalotten schälen und in feine Würfel
schneiden. Geschälten Ingwer reiben.
Karotten putzen und längs in feine, mundgerechte Streifen schneiden. Koriander
waschen, trockentupfen, Blättchen abzupfen und hacken.

Die Schalotten in Olivenöl anschwitzen, mit
Weißwein ablöschen und mit Sahne einkochen lassen. Ingwer in die Soße rühren und
mit Salz und Pfeffer abschmecken. Karotten-
streifen in Salzwasser knapp blanchieren
und herausnehmen. Die Erdnüsse in einer
Pfanne ohne Fett anrösten.

Pasta in reichlich Salzwasser bissfest garen.
Die abgegossenen Nudeln in den Topf zu-
rückgeben und mit Karotten und Erdnüssen
vermengen. Mit einem Pürierstab die
Ingwersahne schaumig schlagen. Die Pasta-
mischung auf Tellern anrichten und mit der
Ingwersoße überziehen. Zum Schluss den
gehackten Koriander darüber streuen.

*500 g Pasta, z.B. Conchiglioni*

*3 Schalotten*

*50 g Ingwerknolle*

*2 Karotten*

*1 kleines Bund frischer Koriander*

*1–2 Esslöffel Olivenöl*

*200 ml Weißwein*

*200 ml Sahne*

*Salz und Pfeffer*

*100 g Erdnüsse, nicht gesalzen*

# INGWER, ORANGE UND MINZPESTO

**Fruchtige Sahnesoße zu runden Nudeln**

*500 g runde Nudeln, z.B. Orecchiette*

*¼ Bund Minze*

*3 Schalotten*

*50 g Ingwerknolle*

*4 Orangen*

*20 g Pinienkerne*

*6 Esslöffel Olivenöl*

*200 ml Sahne*

*200 ml Orangensaft*

*Zucker, Salz und Pfeffer*

Minze waschen, trockentupfen und Blätter abzupfen, die Zweige beiseite legen. Schalotten schälen und würfeln, Ingwer schälen und fein hacken oder reiben. Orangen schälen und mit einem scharfen Messer die Filets auslösen. Pinienkerne in einer Pfanne ohne Fett anrösten.

Die Schalotten in 2 Esslöffel Olivenöl anschwitzen, den Ingwer und die Zweige der Minze zugeben, mit Sahne auffüllen und etwas einkochen lassen. Die Zweige herausnehmen, Orangensaft einrühren und mit Zucker, Salz und Pfeffer abschmecken.

Pasta in reichlich Salzwasser bissfest garen. Pinienkerne, die Minzblätter und 4 Esslöffel Olivenöl in einem Mixer pürieren. Die abgegossenen Nudeln im Topf mit der Soße mischen, auf Tellern anrichten, mit Orangenfilets und Minzpesto garnieren.

 **Orangen filetieren**

Die Unter- und Oberseite der Orange bis in das Fruchtfleisch abschneiden. Die Orange rundum so dick schälen, dass alles Weiße entfernt ist. Dann die Filets mit einem scharfen Messer auslösen.

# MANGOWÜRFEL IN CURRYSAHNE

**Pasta mit Mango und Thymian**

Schalotten schälen und würfeln. Thymian waschen, trockentupfen, die Blättchen abzupfen und hacken. Mango schälen und in kleine Würfel schneiden. Schalotten in Olivenöl anschwitzen, dann mit Curry bestäuben, Sahne und Thymian zufügen und einkochen lassen.

Pasta in kochendem Salzwasser bissfest garen. Mangowürfel in der Currysahne erwärmen und die Soße mit Zucker, Salz und Pfeffer und eventuell mit noch etwas Curry abschmecken. Die abgegossenen Nudeln mit der Mango-Currysahne vermischen.

*500 g Pasta, z.B. Fusilli*

*2 Schalotten*

*1 Bund Zitronen-Thymian oder
Thymian und etwas abgeriebene Zitronenschale*

*1 reife Mango*

*1 Esslöffel Olivenöl*

*1–2 Esslöffel nicht zu scharfes Currypulver*

*200 ml Sahne*

*Zucker, Salz, Pfeffer*

# SPINATPASTA MIT KRÄUTERN UND KNOBLAUCH

Frischer Kerbel, Thymian, Basilikum und Spinat mit Schalotten-Knoblauch-Sahne

500 g Bandnudeln, z.B. Linguine

200 g frischer Spinat

jeweils 1 Bund:

- Kerbel

- Thymian

- Basilikum

5 Schalotten

4 Knoblauchzehen

4 Esslöffel Olivenöl

200 ml Sahne

Salz, Pfeffer

Muskatnuss

etwas Butter

Spinat waschen und putzen. Kräuter putzen, Blättchen abzupfen und hacken. Die Schalotten und den Knoblauch schälen, Schalotten in Würfel und zwei der Knoblauchzehen in feine Streifen schneiden.

Die Hälfte der Schalottenwürfel in einer Pfanne mit 1 Esslöffel Olivenöl anschwitzen. Geschnittenen Knoblauch dazugeben und weiter anschwitzen. Mit Sahne ablöschen und einkochen lassen, dann mit Salz, Pfeffer und geriebener Muskatnuss abschmecken.

Pasta in reichlich Salzwasser bissfest garen. Die restlichen Schalotten mit zwei durchgepressten Knoblauchzehen, den Spinatblättern und den gehackten Kräutern in einem großen flachen Topf mit restlichem Olivenöl dünsten.

Die abgegossenen Nudeln in den Topf zum Spinat geben, mit etwas Butter vermischen und auf Tellern anrichten. Die Pasta mit der Schalottensahne überziehen.

# GEMÜSEPASTA MIT BRUNNENKRESSE

**Kressesahne über Bandnudeln mit Karotten, Lauch und Kohlrabi**

Schalotten schälen und fein würfeln. Karotte, Lauch und Kohlrabi putzen und in dünne, schmale Streifen schneiden. Die Schalotten in 1 Esslöffel Olivenöl glasig dünsten und mit Weißwein ablöschen. Sahne dazugeben und rund 10 Minuten köcheln lassen. Die Brunnenkresse putzen und hacken, in die Sahne mischen und kurz mitkochen.

In einer Pfanne Karotten-, Lauch- und Kohlrabistreifen in dem restlichen Olivenöl anschwitzen und mit Salz und Pfeffer abschmecken.

Die Nudeln in reichlich Salzwasser bissfest garen. Die Kressesahne durch ein Sieb passieren und abschmecken. Die abgegossene Pasta zu den Gemüsestreifen geben, Butter untermischen und auf Tellern anrichten. Die Kressesahne über die Pasta gießen.

*500 g Bandnudeln, z.B. Fettuccine*

*3 Schalotten*

*1 Karotte*

*1 kleine Stange Lauch*

*1 Kohlrabi*

*4 Esslöffel Olivenöl*

*100 ml Weißwein*

*125 ml Sahne*

*2 Bund Brunnenkresse*

*Salz und Pfeffer*

*60 g Butter*

# VOLLKORNPASTA MIT BASILIKUMSOSSE

Geröstete Macadamia-Nüsse und Parmesan auf einer grünen Sahnesoße

Schalotten schälen, in Würfel schneiden und in einer Pfanne mit Olivenöl anschwitzen. Geschälten und durchgepressten Knoblauch dazugeben und weiter anschwitzen. Das Basilikum putzen und Blättchen abzupfen.

Wenn die Schalotten glasig sind, mit Weißwein ablöschen. Die Sahne dazugeben und einkochen lassen. Basilikum in die Sahne geben, pürieren, durch ein Sieb passieren und mit Salz und Pfeffer abschmecken.

Die Nudeln in reichlich Salzwasser garen, abgießen, mit Butter und Balsamico mischen, auf Tellern anrichten und mit der Basilikumsahne überziehen. Parmesanspäne und Macadamia-Nüsse darüber streuen.

*500 g Vollkornnudeln, z.B. Tagliatelle*

*3 Schalotten*

*1-2 Esslöffel Olivenöl*

*1 Knoblauchzehe*

*2 Bund Basilikum*

*200 ml Weißwein*

*200 ml Sahne*

*Salz und Pfeffer*

*40 g Butter*

*2 Esslöffel Balsamico*

*100 g Parmesan, in Späne gerieben*

*150 g Macadamia-Nüsse, geröstet und grob gehackt*

# TOSKANISCHER NUDELRISOTTO

**Frittierte Basilikumblättchen auf Tomaten-Paprika-Pasta**

Geschälte Schalotten und gehäutete Paprika würfeln. Basilikum putzen. Thymian putzen und hacken. Die Basilikumblätter in reichlich Pflanzenöl frittieren und auf Küchenkrepp auslegen.

Die Schalotten in einem flachen Topf mit dem Olivenöl anschwitzen. Durchgepressten Knoblauch, Paprikawürfel, Tomatenmark dazugeben und anbraten lassen. Mit den Dosentomaten ablöschen, Zitronen-Thymian oder Thymian mit abgeriebener Zitronenschale zufügen und etwas einkochen lassen.

Pasta im Salzwasser bissfest garen. Sahne schlagen und Parmesan reiben. Die abgegossenen Risoni mit Sahne, Parmesan und der Tomatensoße vermischen, auf Tellern anrichten und darüber die frittierten Basilikumblättchen streuen.

### Paprika häuten lohnt sich

Die Paprika unter dem Grill oder im vorgeheizten Backofen bei 175 °C etwa 30 Minuten rösten, bis die Haut braun und schrumplig wird. In einer Plastiktüte oder unter einem feuchten Tuch zugedeckt auskühlen lassen; dabei löst sich die Schale etwas. Dann mit einem spitzen Messer die Haut abziehen. Auch die Schalenreste mit dem Messer abschaben, nicht wegspülen. Gehäutete Paprika lässt sich mit Öl bedeckt gut eine Woche im Kühlschrank aufbewahren.

*500 g Risoni, reiskorngroße Nudeln*

*4 Schalotten*

*1 rote Paprika, gehäutet*

*1 gelbe Paprika, gehäutet*

*1 Bund Basilikum*

*1 Bund Zitronen-Thymian oder Thymian mit abgeriebener Zitronenschale*

*Pflanzenöl (zum Frittieren)*

*1–2 Esslöffel Olivenöl*

*1 Knoblauchzehe*

*45 g Tomatenmark*

*1 Dose geschälte Tomaten (400 g)*

*Salz und Pfeffer*

*100 ml Sahne*

*100 g Parmesan*

48

# KÄSE & PILZE

# TAGLIATELLE MIT GORGONZOLA-WALNUSS-SOSSE

**Pasta mit Rucola, Walnuss und Limette**

*500 g grüne Bandnudeln, z.B. Tagliatelle*

*50 g geputzter Rucola (Rauke)*

*100 g Walnusskerne*

*150 g Gorgonzola*

*250 ml Sahne*

*1 Esslöffel Sonnenblumenkerne*

*1 Teelöffel Butter*

*Salz und Pfeffer*

*Saft 1 Limette (Limone)*

*Muskatnuss*

Rucola waschen, trocknen und klein hacken. Walnusskerne im Mörser zerstoßen. Den Gorgonzola in Stücke brechen und im Topf mit der Sahne schmelzen lassen.

Walnussmasse und Sonnenblumenkerne in der Pfanne in Butter anrösten und zur Gorgonzolasahne geben. Mit Salz, Pfeffer und etwas Limettensaft abschmecken.

Pasta in reichlich Salzwasser garen, abgießen und mit etwas geriebener Muskatnuss und der Gorgonzolasahne vermischen. Auf Tellern anrichten und mit gehacktem Rucola bestreuen.

# KIRSCHTOMATEN UND FRISCHER ZIEGENKÄSE

**Mohn und Vin Santo in der Käse-Tomatensoße**

Tomaten waschen. Frischkäse zerbröseln. Die Schalotten schälen, fein würfeln und in Olivenöl glasig dünsten. Mit Vin Santo ablöschen, die Gemüsebrühe zufügen und aufkochen. Frischkäse dazugeben, dann die Sahne und schließlich den Mohn einrühren.

Die Tomaten zur Soße geben und abgedeckt kurz köcheln lassen. Mit Zucker, Salz und Pfeffer abschmecken. Pasta in reichlich Salzwasser garen, abgießen, auf Tellern anrichten und mit der Soße servieren.

*300 g schmale Bandnudeln, z.B. Linguine*

*200 g Kirschtomaten*

*150–200 g Ziegen-Frischkäse*

*2 Schalotten*

*2 Esslöffel Olivenöl*

*1 Esslöffel Vin Santo oder süßer Sherry*

*200 ml Gemüsebrühe*

*125 ml Sahne*

*2 Esslöffel Mohn*

*Zucker*

*Salz, grob gemahlener Pfeffer*

# PFIFFERLINGPASTA MIT WEISSEM PFEFFER

**Pilze, Lauch und Bandnudeln mit Pfeffersahne**

Lauchstange halbieren und gründlich waschen. Pfifferlinge mit einem Pinsel trocken putzen, bei Bedarf auch waschen. Lauch in Streifen schneiden, Schalotten schälen und würfeln. Pfefferkörner im Mörser zerdrücken.

Schalotten in 1–2 Esslöffeln Olivenöl anschwitzen und mit Weißwein ablöschen. Sahne und zerstoßenen Pfeffer dazugeben und einkochen. Die Soße durch ein Sieb passieren und mit Salz abschmecken.

Pasta in reichlich Salzwasser garen. Pfifferlinge und Lauch in einer Pfanne mit restlichem Olivenöl braten. Die abgegossenen Nudeln mit den Pilzen, dem Lauch und der Butter mischen, auf Tellern anrichten und mit der Pfeffersahne überziehen.

*500 g breite Bandnudeln, z.B. Fettuccine*

*1 kleine Stange Lauch*

*300 g Pfifferlinge*

*3 Schalotten*

*10 weiße Pfefferkörner*

*5 Esslöffel Olivenöl*

*100 ml Weißwein*

*200 ml Sahne*

*Salz*

*50 g Butter*

# NUDELAUFLAUF MIT SPINAT

**Eine Lasagne mit frischem Salbei und Muskat gewürzt**

Schalotten schälen, würfeln. Knoblauch schälen und fein hacken. Salbei putzen und die Blätter hacken. ²/₃ der Schalottenwürfel in 2 Esslöffeln Olivenöl anschwitzen, Knoblauch und grob gehackten Spinat dazugeben und einige Minuten dünsten. Mit Salz, Pfeffer und frisch geriebenem Muskat abschmecken und beiseite stellen.

Die restlichen Schalotten in 2 Esslöffeln Olivenöl anschwitzen. Dann mit Sahne ablöschen, vom Feuer nehmen, den gehackten Salbei und die Hälfte des Parmesans in die Soße rühren und mit Salz und Pfeffer abschmecken.

Lasagneblätter in reichlich Salzwasser knapp bissfest garen. Eine feuerfeste Form mit Butter ausstreichen. Spinat und abgetropfte Lasagneblätter abwechselnd in die Form schichten und jeweils mit Soße begießen. Oben mit einer Lage Pastablätter abschließen, den Rest der Soße darüber streichen und mit dem restlichen Parmesan bestreuen. Bei 175 °C etwa 25 Minuten im vorgeheizten Ofen überbacken.

*250 g Lasagneblätter*

*6 Schalotten*

*2 Knoblauchzehen*

*8–10 Blätter Salbei*

*4 Esslöffel Olivenöl*

*450 g blanchierter Spinat*

*Salz und Pfeffer*

*Muskatnuss*

*200 ml Sahne*

*200 g geriebener Parmesan*

*etwas Butter*

# PASTA MIT FISCH

# PASTA MIT LACHS UND SPINAT

**Erfordert etwas Koordination beim Kochen**

Spinat putzen oder auftauen. Den Lachs in mundgerechte Stücke teilen und mit etwas Zitronensaft beträufeln. Scampi schälen, der Länge nach halbieren und waschen; dabei unter fließendem Wasser den Darm entfernen. Knoblauchzehe und Zwiebel schälen und fein hacken.

½ Esslöffel Butter in einer Pfanne erhitzen. Zwiebel und Knoblauch darin andünsten. Den Spinat dazugeben und die Flüssigkeit verdampfen lassen.

In einem mittelgroßen Topf Sahne, Parmesan, Hummerpaste, etwas frisch geriebene Muskatnuss und Salz unter Rühren ein wenig simmern lassen und dann vom Feuer nehmen. Die Lachsstücke in die heiße Sahne geben und einige Minuten ziehen lassen, bis sie gar sind. Die restliche Butter in einer weiteren Pfanne erhitzen und darin die Scampi garen. Das geht sehr rasch. Mit Salz, Cayennepfeffer und Chinagewürz abschmecken.

Pasta in reichlich Salzwasser bissfest garen, abgießen und mit dem Spinat mischen. Die Sahne mit dem Lachs vorsichtig unterheben. Die Pasta mit den Scampi dekoriert servieren.

*400 g Bandnudeln, z.B. Tagliatelle*

*800 g Blattspinat, gewaschen, oder 300 g Blattspinat, tiefgefroren*

*400 g Lachsfilet*

*Saft ½ Zitrone*

*8 Scampi, mittelgroß*

*1 Knoblauchzehe*

*1 Zwiebel*

*1 ½ Esslöffel Butter*

*200 ml Sahne*

*2 Esslöffel Parmesan, gerieben*

*1 Esslöffel Hummerpaste, vom Fischhändler oder Asialaden*

*Muskatnuss*

*Salz*

*Cayennepfeffer*

*Chinagewürz*

# FEDELINI AL SALMONE

**Pasta mit Lachssoße, Tomaten und Zucchini**

*500 g Spaghetti oder Fedelini*

*½ grüne Paprikaschote*

*2 mittelgroße Zucchini*

*4 Tomaten, gehäutet*

*400 g Lachsfilet*

*1 kleine Zwiebel*

*1–2 Knoblauchzehen*

*Salz, schwarzer Pfeffer*

*2 Esslöffel Olivenöl*

Paprika und Zucchini putzen. Paprika, eine halbe Zucchini, Tomaten und den Lachs in kleine Würfel schneiden. Restliche Zucchini in Scheiben schneiden. Die Zwiebel und den Knoblauch schälen; die Zwiebel fein würfeln.

In einem Topf die Tomaten und Zucchinischeiben salzen, Knoblauch dazupressen und vermischen; die Mischung beiseite stellen und durchziehen lassen. In einer Pfanne mit Olivenöl die Zwiebel-, Paprika- und Zucchiniwürfel glasig dünsten, Lachs dazugeben und garziehen lassen.

Fedelini in reichlich Salzwasser bissfest kochen. Den Topf mit der Tomaten-Zucchini-Mischung jetzt sanft erwärmen. Die fertige Pasta mit Tomaten, Zucchini und Lachssoße auf Tellern anrichten und mit schwarzem Pfeffer servieren.

# SPAGHETTINI CALAMARI

**Pasta mit Kalmarstreifen, Limonenfilets und Kerbelbutter**

*500 g Spaghetti oder Spaghettini*

*6 Limonen (Limetten)*

*1 Bund Kerbel*

*250 g kleine Calamari,
am besten küchenfertig ausgenommen*

*Salz und Pfeffer*

*180 g Butter*

*Zucker*

*2 Esslöffel Olivenöl*

Limonen schälen und mit einem spitzen, scharfen Messer die Filets herausschneiden. Den Saft dabei auffangen. Die Limonenhaut etwas auspressen. Kerbel putzen, Blättchen abzupfen und hacken. Die vorbereiteten Kalmarbeutel in Streifen schneiden.

Spaghetti in reichlich Salzwasser bissfest garen. Die Hälfte der Butter erwärmen, Limonensaft unterrühren und mit den abgegossenen Nudeln vermischen. Die Limonenfilets unter die Nudeln heben, mit etwas Zucker, Salz und Pfeffer abschmecken und warm halten.

Kalmarstreifen in Olivenöl scharf anbraten und etwa 5 Minuten garen. Restliche Butter in einem Topf hellbraun aufschäumen, den gehackten Kerbel einrühren und vom Feuer nehmen. Die Pasta auf Tellern anrichten, die Kalmarstreifen darauf verteilen und mit der Kerbelbutter übergießen.

 **Tintenfisch und Kalmar**

Auch wenn sie ähnlich aussehen – Kalmar und Tintenfisch sind zwei verschiedene Tiere. Hier geht's um Kalmare: Beim Fischhändler bekommt man auch Calamaretti, kleine Kalmare.

Zum Ausnehmen alle Innereien mit den kleinen Fangarmen herausziehen – auch die „Korsettstangen" – und die dünne Haut unter fließendem Wasser abziehen. Den Beutel gründlich waschen.

Es gibt die Kalmarbeutel, Tuben genannt, auch küchenfertig ausgenommen oder tiefgefroren.

# SPAGHETTI VONGOLE

**Eine scharfe Soße mit Meeresfrüchten, Tomaten und Petersilie**

Knoblauchzehen schälen und halbieren. Petersilie putzen, Blättchen abzupfen und grob hacken. Kirschtomaten waschen und vierteln. Peperoncino ohne Samenkörner klein schneiden.

In der Pfanne das Olivenöl erhitzen. Die Knoblauchzehen leicht anbraten – sie sollten nicht braun sein, weil sie sonst bitter werden. Peperoncino und Tintenfische dazugeben und nach etwa 5 Minuten auch die Muscheln. Mit dem Saft der Dosentomaten ablöschen und die Tomaten zerdrückt unterrühren. Petersilie und Krabben zur Soße geben und einmal aufkochen lassen.

Spaghetti in reichlich Salzwasser bissfest garen. Die Soße unter die abgegossene Pasta mischen, auf Tellern anrichten und mit den Kirschtomaten und den Muscheln in der Schale dekorieren.

*500 g Spaghetti oder Linguine*

*2–3 Knoblauchzehen*

*1 kleines Bund glatte Petersilie*

*4–6 Kirschtomaten, zur Dekoration*

*1 Peperoncino*

*2 Esslöffel Olivenöl zum Braten*

*250 g kleine Tintenfische (7–8 cm), küchenfertig ausgenommen*

*500 g Vongole (Herzmuscheln), ausgelöst, und eine Handvoll davon zur Dekoration noch in der Schale*

*1 Dose geschälte Tomaten (400 g)*

*250 g Krabben*

*Salz*

 **Peperoncini putzen und schneiden**

Die kleinen scharfen Paprikaschoten kann man frisch oder getrocknet verwenden: Aufschneiden, die Kerne und – bei den frischen Schoten – die weißen Rippen entfernen. Doch Vorsicht! Im Kontakt mit empfindlichen Hautpartien oder in den Augen brennen Saft oder auch kleinste Partikel heftig und nachhaltig! Vorsichtshalber Hände waschen.

# SPAGHETTI ALL'ANDREA

**Geschmolzene Sardellenfilets mit Knoblauch und Petersilie**

Petersilie putzen, Blätter abzupfen und hacken. Die Sardellenfilets waschen. Knoblauch schälen und fein hacken. Spaghetti
in reichlich Salzwasser knapp bissfest garen, dann abgießen
und etwas Kochwasser zurückbehalten.

In einer Pfanne mit der Hälfte des Olivenöls den Knoblauch anschwitzen, die Sardellen zufügen und braten. Mit etwas Pastakochwasser ablöschen und weiter unter Rühren dünsten, bis
sich die Sardellenfilets aufgelöst haben.

Die Pasta in die Pfanne geben und bei starker Hitze mit dem
Sardellenöl vermischen. Nach etwa einer Minute vom Feuer
nehmen, mit dem restlichen Öl beträufeln, Petersilie darüber
streuen und nochmals durchmischen. Mit Pfeffer aus der
Mühle servieren.

*400 g Spaghetti oder Spaghettini*

*1 Bund glatte Petersilie*

*100 g Sardellenfilets*

*1 Knoblauchzehe*

*Salz*

*80 ml Olivenöl*

*Pfeffer aus der Mühle*

# RIGATONI MIT ROSINEN UND SARDELLEN

### Scharf, süß und salzig ist diese Pasta mit gerösteten Weißbrotkrumen

Rosinen in lauwarmem Wasser 10 Minuten einweichen. Petersilie putzen, Blätter abzupfen und hacken. Chilischote putzen, Kerne und weiße Rippen entfernen und Schote klein hacken. Sardellen waschen. Pinienkerne ohne Fett anrösten. Das Weißbrot in kleine Bröckchen zerbröseln und mit der Hälfte des Olivenöls in einer Pfanne anrösten. Mit etwas Salz würzen, aus der Pfanne nehmen und beiseite stellen. Das restliche Olivenöl in der Pfanne erhitzen und darin die Sardellen schmelzen. Chili, Rosinen, Petersilie und dann die Pinienkerne dazugeben, verrühren und vom Feuer nehmen.

Pasta in reichlich Salzwasser bissfest garen, abgießen und ein wenig Kochwasser zurückbehalten. Die Nudeln zu der Soße in die Pfanne geben; nach Bedarf noch Kochwasser unterrühren. Auf Tellern anrichten und mit den Weißbrotkrumen bestreuen.

*500 g kurze Nudeln, z.B. Penne oder Rigatoni*

*20 g Rosinen*

*1 Bund glatte Petersilie*

*1 Chilischote*

*3 Sardellen*

*20 g Pinienkerne*

*60 g Weißbrot vom Vortag*

*100 ml Olivenöl*

*Salz*

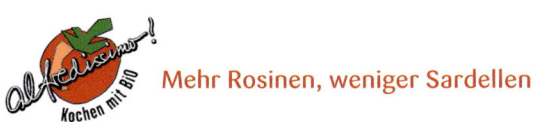

### Mehr Rosinen, weniger Sardellen

Man kann das Rezept abwandeln, z.B. eine Sardelle weniger nehmen und dafür mehr Rosinen. Das fehlende Salz der Sardelle kann mit etwas mehr von dem salzigen Kochwasser ersetzt werden - einfach mal ausprobieren!

# SPAGHETTI MIT MARINIERTEN TOMATEN

**Frische Kräuter, Sardellenstückchen, Kapern und Knoblauch**

*500 g Spaghetti*

*700 g reife Tomaten*

*1 Esslöffel Kapern*

*3 Sardellen*

*jeweils 1 frischer Zweig:*

*- Oregano*

*- Majoran*

*- Thymian*

*1 kleines Bund Basilikum*

*3 Zweige glatte Petersilie*

*1 Knoblauchzehe*

*1 Esslöffel weißer Balsamico*

*100 ml Olivenöl*

*Salz und Pfeffer aus der Mühle*

Tomaten häuten, entkernen, in Streifen schneiden und in eine Schüssel geben. Kapern und Sardellen abspülen und die Sardellen klein schneiden. Die Kräuter putzen, Blättchen abzupfen und hacken. Knoblauch schälen. Die Kapern, Kräuter und Sardellen zusammen mit Essig und Öl unter die Tomaten mischen, die geschälte Knoblauchzehe dazupressen. Die Marinade mit Salz und etwas Pfeffer abschmecken und etwa eine Stunde ziehen lassen.

Spaghetti in reichlich Salzwasser bissfest garen, abgießen und mit den marinierten Tomaten vermischen. Mit Pfeffer aus der Mühle servieren.

### Tomaten häuten – ganz einfach

Den Stielansatz entfernen und die Tomaten mit kochendem Wasser übergießen. Nach einigen Minuten herausnehmen, abschrecken und mit einem spitzen Messer die Haut einritzen und häuten. Wenn sich die Haut noch nicht gut löst, sollten die Tomaten etwas länger im heißen Wasser bleiben.

# PENNE ALL'ANGELA

**Pasta mit grünem Spargel und Thunfisch**

Den Spargel waschen, Enden abschneiden und die Stangen in Stücke schneiden. Den Thunfisch aus der Dose nehmen, das Öl abtropfen lassen und den Fisch ein wenig auseinander zupfen. Knoblauch schälen, die Zehe leicht zerdrücken, in einer Pfanne mit 3 Esslöffeln Olivenöl anbraten und wieder herausnehmen.

Spargel in der Pfanne mit dem aromatisierten Öl anschwitzen, dann mit der Gemüsebrühe ablöschen und noch kurz weiterdünsten; er sollte noch etwas Biss haben. Thunfisch unter den Spargel mischen, die Sahne dazurühren, die Soße noch ein wenig weiter köcheln lassen und dann vom Feuer nehmen. Die Soße mit Salz und Pfeffer abschmecken.

Penne in reichlich Salzwasser bissfest garen. Mit der Soße vermischen. Nach Geschmack mit Parmesan servieren.

*500 g kurze Nudeln, z.B. Penne lisce*

*1 Bund frischer grüner Spargel*

*1 Dose Thunfisch in Öl (185 g)*

*1 Knoblauchzehe*

*3 Esslöffel Olivenöl*

*200–250 ml Gemüsebrühe*

*250 ml Sahne*

*Salz und Pfeffer*

*Parmesan nach Geschmack*

**Grünen Spargel putzen**

Bei grünem Spargel schält man nur das untere Drittel und entfernt den holzigen Anschnitt.

# FETTUCCINE MIT SARDELLEN IN TOMATENSOSSE

Thymian, Salbei und Rosmarin

*500 g Bandnudeln, z.B. Fettuccine*

*4 Schalotten*

*3 Knoblauchzehen*

*jeweils 1 kleines Bund:*

*- Salbei*

*- Thymian*

*- Rosmarin*

*100 g Sardellenfilets in Öl*

*1 Dose geschälte Tomaten (400 g)*

*4 Esslöffel Olivenöl*

*2 Esslöffel Tomatenmark*

*Salz und Pfeffer*

Schalotten und Knoblauch schälen, Schalotten würfeln und Knoblauch klein hacken. Die Kräuter putzen, Blättchen bzw. Nadeln abzupfen und fein hacken. Sardellen abtropfen lassen und in kleine Stücke schneiden. Die Tomaten aus der Dose abgießen, grob hacken und den Saft beiseite stellen.

Schalotten, Knoblauch und Kräuter in Olivenöl anschwitzen, Tomatenmark einrühren; dabei darf das Tomatenmark ein wenig ansetzen. Mit dem Saft und den gehackten Tomaten ablöschen und unter Rühren den Ansatz lösen. Die Sardellen zugeben und die Soße etwa eine halbe Stunde auf kleiner Flamme einkochen lassen. Mit Salz und Pfeffer abschmecken.

Pasta in reichlich Salzwasser bissfest garen, abgießen und mit der Tomatensoße vermischen.

# LASAGNE MIT MEERESFRÜCHTEN

**Tintenfisch, Garnelen und Muschelfleisch, darüber Fenchelgemüse mit Weißweinsahne**

Garnelen aus der Schale brechen, waschen und Darm entfernen; Tintenfisch waschen und beides klein schneiden. Muschelfleisch dazugeben und vermischen. Knoblauch schälen und fein hacken. Zwiebeln und Karotte putzen. Karotte in Streifen und Zwiebeln in Ringe schneiden. Thymian und Basilikum putzen, Blättchen abzupfen und hacken.

Karotte und Frühlingszwiebeln in Olivenöl anschwitzen, Meeresfrüchte, ⅔ des Knoblauchs und die gehackten Kräuter zugeben und etwa 5 Minuten braten.

Schalotten schälen, Fenchel putzen, beides in Würfel schneiden und mit dem restlichen Knoblauch in 2 Esslöffel Butter anschwitzen. Das Gemüse mit Weißwein ablöschen, Sahne und Lorbeerblatt dazugeben und köcheln lassen, bis der Fenchel knapp gar ist. 1–2 Esslöffel Butter unterrühren und mit Zucker, Salz und Pfeffer abschmecken.

Lasagneblätter in reichlich Salzwasser knapp bissfest garen. Eine feuerfeste Form mit Butter ausstreichen. In drei Schichten Meeresfrüchte und Lasagneblätter in der Form auslegen und jeweils mit der Gemüsesahne begießen. Oben mit einer Lage Pastablätter abschließen, den Rest der Soße darüber streichen und mit geriebenem Parmesan bestreuen. Etwa 25 Minuten bei 175 °C im vorgeheizten Ofen überbacken.

*300 g Lasagneblätter*

*8 rohe Garnelen*

*200 g Tintenfisch, küchenfertig*

*200 g Muschelfleisch*

*3 Knoblauchzehen*

*1 Bund Frühlingszwiebeln*

*1 Karotte*

*1 Zweig Thymian*

*1 Bund Basilikum*

*4 Esslöffel Olivenöl*

*6 Schalotten*

*1 Fenchelknolle*

*60 g Butter*

*200 ml Weißwein*

*250 ml Sahne*

*1 Lorbeerblatt*

*Zucker, Salz und Pfeffer*

*50 g Parmesan*

## SCHWARZE NUDELN MIT THUNFISCH

Rote und gelbe Paprikawürfel, Basilikum, reichlich Knoblauch und gebratener Fisch

*500 g schwarze Pasta,*
*mit Sepia-Tinte gefärbt*

*1 Schalotte*

*3 Knoblauchzehen*

*2 rote Paprika*

*1 gelbe Paprika*

*1 kleines Bund Basilikum*

*3 Esslöffel Sherry-Essig*

*100 ml Olivenöl*

*Salz und Pfeffer*

*4 Scheiben frischer Thunfisch (ca. 600 g)*

Schalotte und Knoblauch schälen, die Schalotte würfeln und den Knoblauch fein hacken. Paprika häuten und in kleine Würfel schneiden. Basilikum putzen, die Blätter abzupfen und in Streifen schneiden. In einer Schüssel Essig und ²/₃ des Öls vermischen, Schalotten, ¹/₃ des Knoblauchs und die Paprikawürfel dazugeben, vermengen und mit Salz und Pfeffer abschmecken.

Den Thunfisch mit etwas Salz würzen, sehr heiß und kurz im restlichen Olivenöl anbraten und die Flamme klein stellen. Den restlichen Knoblauch dazugeben und den Thunfisch fertig garen; dabei soll er innen noch leicht rosa sein. Die Pasta in reichlich Salzwasser bissfest garen, abgießen, mit Basilikum und der Paprikamarinade vermischen, auf Tellern anrichten und den Thunfisch oben auflegen.

# SPAGHETTI MIT GEBRATENEM KABELJAU

**Sahnesoße mit Sherry-Essig und Senf über kross gebratenem Fisch**

*500 g Spaghetti oder Spaghettini*

*8 Blätter Salbei*

*2 Schalotten*

*4 Esslöffel Olivenöl*

*100 ml Sherry-Essig*

*2 Esslöffel Dijon-Senf*

*100 ml Fischfond oder Gemüsebrühe*

*200 ml Sahne*

*1 Esslöffel kalte Butter*

*Salz und Pfeffer*

*600 g Kabeljaufilet mit Haut,
in 4 Portionen geteilt*

Den Salbei putzen. Schalotten schälen und würfeln, in 1 Esslöffel Olivenöl anschwitzen. Essig und Senf einrühren und weiter köcheln lassen. Fond und Sahne dazugeben und die Soße auf etwa die Hälfte einkochen. Die kalte Butter unter die Soße rühren und mit Salz und Pfeffer abschmecken.

Kabeljau mit etwas Salz würzen und zuerst auf der Hautseite im restlichen Olivenöl anbraten; dann den Salbei dazugeben, das Fischfilet vorsichtig wenden und fertig garen.

Spaghetti in reichlich Salzwasser bissfest garen, abgießen und auf Tellern anrichten. Den Kabeljau darauf verteilen und mit der Senfsoße überziehen.

# THUNFISCH UND SCHWARZE OLIVEN

### Würzige getrocknete Tomaten und etwas Zitrone zu Fisch und Oliven

Getrocknete Tomaten etwa zwei Stunden in Wasser einweichen. Oliven entsteinen und grob hacken. Petersilie putzen und Blätter abzupfen. Getrocknete Tomaten und Petersilie sehr fein hacken.

Den Thunfisch abtropfen lassen und in eine Schüssel geben. Olivenöl, Tomaten, Oliven und etwa 2 Esslöffel vom Zitronensaft zufügen, mit einer Gabel durchmischen und beiseite stellen.

Pasta in reichlich Salzwasser garen und beim Abgießen etwas Kochwasser zurückbehalten. Die Nudeln mit der Thunfischsoße mischen, nach Bedarf mit Kochwasser strecken, auf Tellern anrichten und mit einigen Spritzern Zitronensaft würzen; die Petersilie darüber streuen.

*500 g Spaghetti oder Linguine*

*60 g getrocknete Tomaten*

*8 schwarze Oliven*

*1 kleines Bund glatte Petersilie*

*1 Dose Thunfisch in Öl (185 g)*

*3–4 Esslöffel Olivenöl*

*Saft 1 Zitrone, Salz*

# SARDELLENTAPENADE UND ARTISCHOCKEN

Tagliatelle mit gebratenen Thymian-Artischockenspalten

Artischocken putzen und vorbereiten. Basilikum und Thymian putzen, Blätter abzupfen und hacken und die Knoblauchzehe schälen. Die Artischockenböden in Spalten schneiden und in 2 Esslöffeln Olivenöl braten, den Thymian dazugeben und unter Wenden garen, bis der Blütenboden nicht mehr hart ist.

Sardellen, Basilikum und durchgepressten Knoblauch mit dem restlichen Olivenöl pürieren, bis eine geschmeidige Tapenade entsteht. Mit Salz und Pfeffer abschmecken.

Pasta in reichlich Salzwasser bissfest garen und beim Abgießen etwas Kochwasser zurückbehalten. Die Nudeln mit der Tapenade vermischen, nach Bedarf mit ein wenig Kochwasser strecken, auf Tellern anrichten und die Artischockenspalten darauf verteilen. Nach Geschmack mit Parmesan servieren.

*500 g Bandnudeln, z.B. Tagliatelle*

*6 große Artischocken (die Böden werden verwendet)*

*1–2 Zitronen (für Zitronenwasser)*

*1 Bund Basilikum*

*1 kleines Bund Thymian*

*1 Knoblauchzehe*

*4–6 Esslöffel Olivenöl*

*50 g Sardellen*

*Salz und Pfeffer*

*50 g Parmesan*

 ## Artischocken vorbereiten

Kleine, junge Artischocken: Nach dem Waschen die äußeren harten Blätter entfernen, den trockenen Teil des Stiels abschneiden und die Blätter großzügig mit der Küchenschere auf etwa die Hälfte kürzen.

Große Artischocken: Nach dem Waschen den Stiel am Ansatz herausbrechen, so dass die Fasern mit aus dem Boden gezogen werden. Die Blätter mit der Küchenschere abschneiden; den Blütenboden vom restlichen „Heu" befreien.

Vorbereitete Artischocken in Zitronenwasser legen, damit die Schnittflächen sich nicht verfärben.

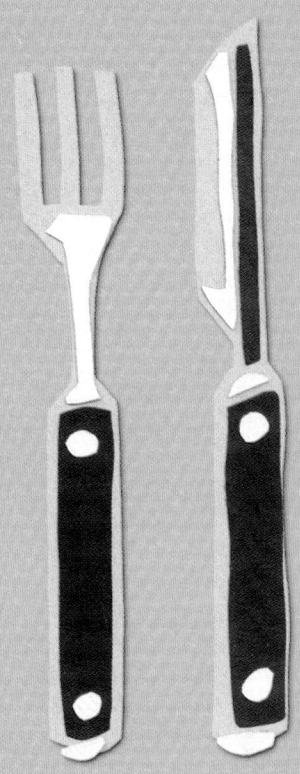

# PASTA MIT FLEISCH & GEFLÜGEL

# MAKKARONI MIT SCHWEINEFILETSTREIFEN

**Pasta mit einer Soße aus Gorgonzola, Quark und Sahne**

*500 g Makkaroni*

*500 g Schweinefilet*

*1 kleine Zwiebel*

*1 Knoblauchzehe*

*250 g Quark (20% Fett)*

*250 g Gorgonzola*

*125 g Butter*

*3 Esslöffel Mehl*

*400 ml Rinderbrühe*

*100 ml Sahne*

*Zucker und Salz*

*weißer und schwarzer Pfeffer*

*Pflanzenöl zum Braten*

*1-2 Zweige Rosmarin*

Schweinefilet falls erforderlich häuten und in Streifen schneiden. Zwiebel und Knoblauch schälen und fein würfeln. Quark und Gorgonzola mit dem Handmixer vermengen. Die Zwiebel in der Butter anschwitzen, das Mehl einrühren. Darauf achten, dass sich keine Klumpen bilden. Wenn die Mehlschwitze Blasen wirft, mit etwa 300 ml Brühe und mit der Sahne ablöschen, noch 10-15 Minuten bei kleiner Flamme köcheln lassen. Dann die Quarkmischung unterrühren und bei Bedarf Brühe nachgießen. Mit Zucker, Salz und weißem Pfeffer abschmecken.

In einer Pfanne das Öl erhitzen und die Filetstreifen anbraten, bis das Fleisch leicht gebräunt ist. Knoblauch und gewaschene Rosmarinzweige dazugeben, mit Salz und Pfeffer würzen, fertig garen. Rosmarinzweige aus der Pfanne nehmen und die Sahnesoße zum Fleisch gießen.

Makkaroni in reichlich Salzwasser bissfest garen, abgießen und dabei etwas Kochwasser zurückbehalten. Die Pasta mit der Soße vermischen und nach Bedarf mit Kochwasser verlängern. Mit schwarzem Pfeffer aus der Mühle servieren.

# CURRY-INGWER UND POULARDENBRUST

**Eine frische Kräuterölmischung über Filetscheiben und sahnigen Fadennudeln**

Die Kräuter putzen, Blätter abzupfen und grob hacken. Pinienkerne in einer Pfanne ohne Fett leicht rösten. Kräuter und Pinienkerne mit 125 ml Olivenöl mischen. Mit Salz und Pfeffer abschmecken.

Die Schalotten und den Ingwer schälen. Schalotten würfeln, Ingwer fein hacken. Schalottenwürfel in 1 Esslöffel Olivenöl anschwitzen. Curry, Ingwer und Sahne dazugeben und einkochen lassen. Mit Salz abschmecken. Spaghettini in kochendem Salzwasser bissfest garen.

Filets mit Salz würzen und in restlichem Olivenöl braten. Die abgegossenen Nudeln mit der eingekochten Sahnesoße vermischen und auf flachen Tellern anrichten. Die Filets aufschneiden und gefächert um die Pasta legen. Zum Schluss alles mit dem Kräuteröl überziehen und mit Pfeffer servieren.

*400 g Pasta, z.B. Spaghettini*

*jeweils 1 kleines Bund:*

*- Thymian*

*- glatte Petersilie*

*- Salbei*

*50 g Pinienkerne*

*150 ml Olivenöl, eventuell etwas mehr, je nach Menge der Kräuter*

*Salz und Pfeffer*

*2 Schalotten*

*30 g Ingwerknolle*

*Curry*

*250 ml Sahne*

*4 Poulardenbrustfilets*

# PENNE MIT KALBSRÜCKENSTEAKS

Artischockencreme mit getrockneten Tomaten und Basilikum zum kurz gebratenen Fleisch

*500 g Penne*

*200 g getrocknete Tomaten*

*8 Artischocken*
*(die Böden werden verwendet)*

*2 Zitronen (für das Zitronenwasser)*

*1 kleines Bund Basilikum*

*3 Schalotten*

*2 Knoblauchzehen*

*4 Esslöffel Olivenöl*

*Zucker, Salz und Pfeffer*

*4 Kalbsrückensteaks*

*3 Esslöffel Pflanzenöl zum Braten*

Die getrockneten Tomaten etwa zwei Stunden in Wasser einweichen und dann in Streifen schneiden. Das Einweichwasser aufheben. Artischocken vorbereiten, die Böden in Stücke schneiden und in Zitronenwasser legen. Basilikum putzen und Blätter abzupfen. Schalotten und Knoblauch schälen und fein würfeln.

Schalotten, Artischockenböden und die Tomatenstreifen in dem Olivenöl anschwitzen, mit ein wenig Einweichwasser der Tomaten ablöschen und etwa 10 Minuten dünsten, bis die Artischocken gar sind. Basilikumblätter und Knoblauch dazugeben und mit dem Schneidestab eine cremige Soße herstellen. Nach Bedarf etwas Olivenöl zufügen und mit Zucker, Salz und Pfeffer abschmecken.

Penne in reichlich Salzwasser bissfest garen. Kalbsrückensteaks in heißem Pflanzenöl braten (je nach Dicke etwa 3-4 Minuten) und mit Salz und Pfeffer würzen. Die abgegossene Pasta mit der Artischockencreme vermischen, auf Tellern anrichten und die Steaks auflegen.

 **Alternative zum Kalbfleisch**

Dieses Gericht schmeckt auch sehr gut mit Hähnchenbrustfilet anstelle von Kalbfleisch.

# FARFALLE MIT KANINCHENSALTIMBOCCA

**Dazu eine Vinaigrette aus Olivenöl, Balsamico und getrockneten Tomaten**

Die getrockneten Tomaten etwa zwei Stunden in Wasser einweichen und dann in feine Würfel schneiden. Kaninchenfilets jeweils mit gewaschenen Salbeiblättern und Parmaschinken umwickeln. Tomaten mit 4 Esslöffeln Olivenöl und Balsamico vermischen und abschmecken. Die eingewickelten Filets in restlichem Olivenöl braten.

Pasta in kochendem Salzwasser bissfest garen, in Butter schwenken, auf Tellern anrichten und mit der Tomatenvinaigrette überziehen. Die Filets mit einem scharfen Messer in drei Stücke schneiden und um die Pastaportionen legen.

### Alternative zum Kaninchen

Wenn keine Kaninchenrückenfilets zu bekommen sind, kann man auch preisgünstigere Hähnchenbrustfilets nehmen und sie in etwa 4 cm breite Streifen schneiden. Das Geflügelfleisch schmeckt ähnlich.

*500 g kurze Nudeln, z.B. Farfalle*

*30 g getrocknete Tomaten*

*8 Kaninchenrückenfilets, etwa 650 g*

*1 Bund Salbei*

*8 Scheiben Parmaschinken*

*6 Esslöffel Olivenöl*

*2 Esslöffel weißer Balsamico*

*Salz und Pfeffer*

*60 g Butter*

# MARONENPASTA MIT ENTENLEBER

**Eine dunkle Soße mit Thymian und Sherry zu Bandnudeln**

Geschälte Maronen und Schalotten in Würfel und die geputzte Leber in kleine Stücke schneiden. Thymian putzen, Blätter abzupfen und hacken. Schalotten in Olivenöl anschwitzen, die Leber dazugeben und anbraten. Den Thymian beifügen und mit Sherry ablöschen, vom Feuer nehmen, mit Salz und Pfeffer abschmecken und die kalte Butter einrühren.

Pasta im kochenden Salzwasser bissfest garen. Beim Abgießen etwas Kochwasser zurückbehalten. In einer Pfanne den Zucker karamellisieren und die Maronenwürfel darin glasieren. Die Nudeln mit den Maronen und der Soße vermengen und nach Bedarf mit ein wenig Kochwasser strecken.

*500 g Pasta, z.B. Fettuccine*

*200 g Maronen, geschält*

*5 Schalotten*

*250 g Enten- oder Geflügelleber*

*4 Zweige Thymian*

*2–3 Esslöffel Olivenöl*

*1–2 Esslöffel Sherry, medium*

*Salz und Pfeffer*

*50 g kalte Butter*

*1–2 Esslöffel Zucker*

 **Maronen-Tipp**

Frische Esskastanien gibt es im Herbst und Winter. Man ritzt sie mit einem scharfen Messer kreuzweise ein. Im vorgeheizten Backofen bei 200 °C etwa 15–20 Minuten heiß werden lassen. Danach die Schalen und die Haut entfernen.

Man kann aber auch fertig geschälte Maronen verwenden, vakuumverpackt oder aus der Dose.

# TOSKANISCHE BOLOGNESE

**Ein Ragout aus gehacktem Lammfleisch mit Tomaten, Rosmarin, Thymian und Salbei**

Zwiebel und Knoblauch schälen und fein würfeln. Karotte und Sellerie schälen und mit der gewaschenen Zucchini in Würfel schneiden. Die Kräuter putzen, Nadeln bzw. Blätter abzupfen und hacken.

Das Lammhack mit Öl in einer Pfanne scharf anbraten. Zwiebel, Knoblauch, Sellerie, Karotte und Zucchini dazugeben und alles etwa 5 Minuten braten. Dann mit dem Tomatenmark weiterbraten; dabei darf es ansetzen, aber nicht anbrennen. Das Fleisch mit dem Saft der geschälten Tomaten ablöschen, den Ansatz lösen und die Kräuter zufügen. Die Tomaten zum Fleisch geben und etwa 15 Minuten einkochen lassen. Wenn die Tomaten zerfallen sind, mit Salz und Pfeffer abschmecken.

Pasta in reichlich Salzwasser bissfest garen. Die abgegossenen Nudeln mit der Bolognese vermischen und auf Tellern anrichten.

*500 g breite Nudeln, z.B. Pappardelle*

*1 Zwiebel*

*2 Knoblauchzehen*

*1 Karotte*

*¼ Sellerieknolle*

*1 Zucchini*

*jeweils 1 Zweig:*

*- Rosmarin*

*- Thymian*

*- Salbei*

*250 g Lammhack*

*4 Esslöffel Olivenöl*

*1 Esslöffel Tomatenmark*

*1 Dose geschälte Tomaten (400 g)*

*Salz und Pfeffer*

# FETTUCCINE MIT HÄHNCHENBRUST

**Gebräunte Auberginenwürfel mit Knoblauch und gebratene Filets mit Thymiansahne**

*500 g Bandnudeln, z.B. Fettuccine*

*1 große Aubergine*

*Salz und Pfeffer*

*5 Schalotten*

*2 Knoblauchzehen*

*1 ½ Bund Thymian*

*7 Esslöffel Olivenöl*

*200 ml Weißwein*

*200 ml Sahne*

*50 g kalte Butter*

*4 Hähnchenbrustfilets*

Aubergine waschen, in Würfel schneiden, etwas salzen und zum Abtropfen etwa 15 Minuten in ein Sieb legen; vor dem Verwenden mit Küchenkrepp trocknen. Schalotten und Knoblauch schälen und die Schalotten fein würfeln. Den Thymian putzen, Blätter abzupfen und ⅓ davon hacken.

Etwas mehr als die Hälfte der Schalotten zusammen mit den Auberginenwürfeln in einer Pfanne mit 4 Esslöffeln Olivenöl anbraten. Durchgepressten Knoblauch dazugeben und weiterbraten, bis die Auberginenwürfel leicht gebräunt sind. Vom Feuer nehmen, den gehackten Thymian zufügen und mit Salz und Pfeffer abschmecken.

Die restlichen Schalotten und die Thymianblättchen in 1 Esslöffel Olivenöl anschwitzen, mit Weißwein ablöschen, Sahne dazugeben und auf die Hälfte einkochen lassen. Vom Feuer nehmen und die kalte Butter unterrühren, mit Salz und Pfeffer abschmecken.

Fettuccine in reichlich Salzwasser bissfest garen. Hähnchenbrüste mit Salz und Pfeffer würzen und im restlichen Olivenöl braten. Die abgegossene Pasta mit den Auberginenwürfeln vermischen und auf Tellern anrichten. Die Filets in Scheiben schneiden, auf die Pasta legen und mit der Thymianbutter überziehen.

# ORECCHIETTE MIT KANINCHENRÜCKEN

Linsen in Sahnesoße und aufgeschnittene Kaninchenfilets mit Estragon-Vinaigrette

Linsen in Salzwasser etwa 10 Minuten kochen, abgießen und gut abtropfen lassen. Schalotten und Knoblauch schälen und fein würfeln. Den Estragon putzen, Blätter abzupfen und hacken. Essig, Walnussöl, Estragon mit ⅓ der Schalottenwürfel vermischen und die Vinaigrette mit Zucker, Salz und Pfeffer abschmecken; vor dem Verwenden die Vinaigrette noch einmal aufschlagen.

Knoblauch und ⅔ der Schalottenwürfel in 1 Esslöffel Öl anschwitzen, mit Sahne ablöschen, etwas einkochen lassen, dann vom Feuer nehmen und die Linsen dazugeben. Die Filets mit Salz und Pfeffer würzen und im restlichen Olivenöl braten.

Orecchiette in reichlich Salzwasser bissfest garen, abgießen, in Butter schwenken, mit der Linsensoße vermischen und auf Tellern anrichten. Die Kaninchenfilets aufschneiden, auf die Pasta legen und mit der Vinaigrette überziehen.

*500 g kurze Nudeln, z.B. Orecchiette*

*100 g gelbe Linsen*

*100 g rote Linsen*

*Salz und Pfeffer*

*3 Schalotten*

*1 Knoblauchzehe*

*1 Bund Estragon*

*3 Esslöffel Himbeeressig*

*60 ml Walnussöl*

*Zucker*

*4 Esslöffel Olivenöl*

*200 ml Sahne*

*8 Kaninchenfilets, etwa 600 g*

*80 g Butter*

# SPECK & SALAMI

# PASTA CARLOTTA

**Spaghetti oder Fusilli mit Zwiebeln, Paprikastreifen und Salamiwürfeln**

Zwiebel schälen und fein würfeln. Paprika aufschneiden, Rippen und Kerne entfernen und die Schote in schmale Streifen schneiden. Die Wurst häuten und würfeln.

In einem Topf die Zwiebeln mit Olivenöl anschwitzen. Die Paprika dazugeben, etwa 4 Minuten weiterbraten, mit der Gemüsebrühe ablöschen, ein wenig köcheln lassen und mit Salz abschmecken.

Pasta in reichlich Salzwasser bissfest garen, abgießen, mit den Wurstwürfeln und der Paprikasoße vermischen und auf Tellern anrichten. Mit Parmesan und schwarzem Pfeffer aus der Mühle servieren.

*500 g Spaghetti oder Fusilli*

*1–2 Zwiebeln*

*1 rote Paprika*

*200 g Rindersalami oder Knoblauchwurst*

*1 Esslöffel Olivenöl*

*125 ml Gemüsebrühe*

*Salz und schwarzer Pfeffer*

*100 g Parmesan*

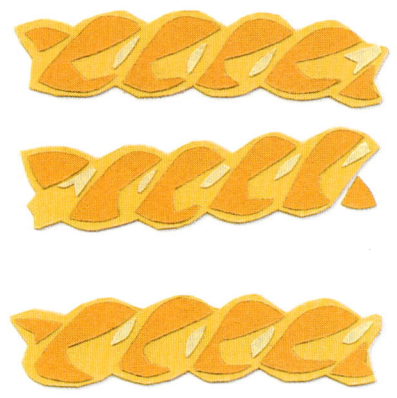

# TAGLIATELLE AL VODKA

**Deftige Pasta mit scharfer Salami, Wacholderbeeren und flambiertem Wodka**

Zwiebeln schälen und in dünne Ringe schneiden. Kirschtomaten vierteln. Petersilie putzen, Blätter abzupfen und hacken.

In einer Pfanne die Zwiebelringe mit 5 Wacholderbeeren und Lorbeerblättern in Olivenöl glasig schwitzen. Mit Salz und 1 Teelöffel Zucker würzen. Kirschtomaten zufügen und köcheln lassen, bis die Tomaten zergangen sind. In der Zwischenzeit reichlich Wasser zum Kochen bringen. 4–5 Teelöffel gekörnte Brühe, das Bündel Kräuterzweige und restliche Wacholderbeeren zufügen. Die Pasta darin bissfest garen.

Crème fraîche in die Soße rühren. Eine flache Kelle in die Pfanne setzen, den Wodka eingießen, warm werden lassen, anzünden und unterrühren. Die abgegossene Pasta mit der Salami in die Pfanne geben und mit der Soße vermischen. Gehackte Petersilie darüber streuen und mit schwarzem Pfeffer aus der Mühle servieren.

*500 g Bandnudeln, z.B. Tagliatelle*

*4–5 weiße Zwiebeln*

*10–12 Kirschtomaten*

*1 Bund glatte Petersilie*

*10 Wacholderbeeren*

*3 Lorbeerblätter*

*2 Esslöffel Olivenöl*

*Salz, Zucker und schwarzer Pfeffer*

*gekörnte Gemüsebrühe*

*Rosmarin, Thymian und Liebstöckel, zum Bouquet garni gebunden*

*2 Esslöffel Crème fraîche*

*100 ml Wodka*

*200 g scharfe Salami, gehäutet und dünn geschnitten*

 **Bouquet garni**

Zu einem Sträußchen zusammengebundene Kräuter und Gewürze, die man je nach Rezept zusammenstellen kann. So lassen sich die Kräuter und Gewürze nach dem Kochen leicht wieder entfernen und man vermeidet die Überwürzung.

# RIGATONI MIT WILDSCHWEINSALAMI

### Dazu grüne und schwarze Oliven in einer Tomatensoße mit Salbei, Rosmarin und Petersilie

Schalotten und Knoblauch schälen und fein würfeln. Salbei, Rosmarin und Petersilie putzen, Blätter abzupfen und hacken. Oliven vom Stein schneiden und fein würfeln.

Schalotten und Knoblauch in Olivenöl anschwitzen, Tomatenmark dazugeben und weiterbraten; dabei darf das Tomatenmark leicht ansetzen, aber nicht anbrennen. Mit Rotwein ablöschen und den Ansatz lösen. Die Lorbeerblätter, die geschälten Tomaten und die Kräuter zufügen und 20–30 Minuten auf kleiner Flamme einkochen lassen. Nun die Oliven in die Soße geben und mit Zucker, Salz und Pfeffer abschmecken.

Rigatoni in reichlich Salzwasser bissfest garen, abgießen, mit der Soße vermischen und auf Tellern anrichten. Die Wildschweinsalami über die Pasta verteilen.

*500 g kurze Nudeln, z.B. Rigatoni*

*4 Schalotten*

*3 Knoblauchzehen*

*jeweils 1 kleines Bund:*

*- Salbei*

*- Rosmarin*

*- glatte Petersilie*

*80 g grüne Oliven*

*80 g schwarze Oliven*

*1 Esslöffel Olivenöl*

*2 Esslöffel Tomatenmark*

*200 ml Rotwein*

*2 Lorbeerblätter*

*1 Dose geschälte Tomaten (400 g)*

*Zucker, Salz und Pfeffer*

*100–150 g Wildschweinsalami, gehäutet und geschnitten*

# PENNE MIT FENCHELSALAMI

**Dazu eine Olivenölmischung mit getrockneten Tomaten, Basilikum und schwarzen Oliven**

Die getrockneten Tomaten etwa zwei Stunden in Wasser einweichen. Oliven vom Stein und mit den Tomaten in feine Würfel schneiden. Basilikum putzen, Blätter abzupfen und in Streifen schneiden. Die Salamischeiben in Stücke zupfen.

Tomaten, Oliven und Basilikum mit dem Olivenöl vermischen. Penne in reichlich Salzwasser bissfest garen, abgießen und dabei etwas Kochwasser zurückbehalten. Die abgegossene Pasta in Butter schwenken, mit der kalten Soße mischen, nach Bedarf mit ein wenig Kochwasser strecken, auf Tellern anrichten und mit der Fenchelsalami bestreuen. Mit schwarzem Pfeffer aus der Mühle servieren.

*500 g kurze Nudeln, z.B. Penne*

*100 g getrocknete Tomaten*

*150 g schwarze Oliven*

*1 Bund Basilikum*

*100–150 g Fenchelsalami, gehäutet und geschnitten*

*100 ml Olivenöl*

*Salz und schwarzer Pfeffer*

*60 g Butter*

 Fenchelsalami

Die traditionell mit Fenchel gewürzte Salami bekommt man in italienischen Feinkostgeschäften.

# TAGLIATELLE AL ROSARIO

**Steinpilze und krosser Parmaschinken zu feinen Bandnudeln**

Steinpilze gründlich putzen, bei Bedarf waschen, mit Küchenkrepp trockentupfen und in Scheiben schneiden. Rosmarin putzen, Nadeln abzupfen und fein hacken. Parmaschinken in einer Pfanne ohne Fett kross braten. Die Steinpilze in Butter anbraten und mit Rosmarin, Salz und Pfeffer abschmecken.

Die Tagliatelle in reichlich Salzwasser bissfest garen und beim Abgießen etwas Kochwasser zurückbehalten. Die Pasta eventuell mit 3–4 Esslöffeln Kochwasser mischen, auf Tellern anrichten. Die Steinpilze und die Schinkenkrustel darauf verteilen.

500 g Bandnudeln,
z.B. Tagliatelle oder Fettuccine

200–300 g Steinpilze

1–2 Rosmarinzweige

12–16 Scheiben Parmaschinken

80–100 g Butter

Salz und Pfeffer

### Getrocknete Steinpilze

Dies Rezept geht auch sehr gut mit getrockneten Steinpilzen: Pilze kurz abbrausen und etwa eine halbe Stunde in warmem Wasser einweichen, dann verwenden wie frische. Wenn man das Einweichwasser durch Kaffeefilterpapier gießt, bleibt der Sand zurück, und man kann es beim Anschwitzen der Pilze zum Ablöschen benutzen. 100 g getrocknete Steinpilze entsprechen etwa 1 kg frischer Pilze.

# ORECCHIETTE MIT SPECKPFIFFERLINGEN

**Pasta mit Pilzen, Crème fraîche und Schnittlauch**

Schalotten schälen und in feine Würfel schneiden. Den Speck ebenfalls würfeln. Pfifferlinge gründlich putzen, bei Bedarf waschen und mit Küchenkrepp sorgfältig trockentupfen. Schnittlauch waschen und fein schneiden.

Schalotten und Speck in Olivenöl anschwitzen, die Pfifferlinge dazugeben und gar braten; mit Salz und Pfeffer abschmecken. Orecchiette in reichlich Salzwasser bissfest garen und abgießen. Die Pasta in Butter schwenken und mit den Pilzen mischen, auf Tellern anrichten, etwas Crème fraîche darauf geben und mit Schnittlauch bestreuen. Mit schwarzem Pfeffer aus der Mühle servieren.

*500 g kurze Nudeln, z.B. Orecchiette*

*3 Schalotten*

*100-150 g geräucherter Speck*

*400 g Pfifferlinge*

*1 Bund Schnittlauch*

*2 Esslöffel Olivenöl*

*Salz und schwarzer Pfeffer*

*40 g Butter*

*100-150 g Crème fraîche*

# BROKKOLI UND PANCETTA

Penne mit Räucherspeck, grünen Kohlröschen und scharfem Chili

*500 g kurze Nudeln, z.B. Penne*

*1–2 Köpfe Brokkoli*

*2 große rote Zwiebeln*

*2 Knoblauchzehen*

*1 Bund glatte Petersilie*

*100 g Pancetta,*
*italienischer Räucherspeck*

*8 Sardellenfilets*

*4–6 Esslöffel Olivenöl*

*1–2 getrocknete Chilischoten*

*Salz*

Brokkoli putzen und in kleine Röschen teilen. Zwiebeln und Knoblauch schälen und hacken. Petersilie putzen, Blätter abzupfen und hacken. Den Speck in kleine Würfel schneiden, die Sardellen waschen und hacken.

In einer Pfanne die Speckwürfel in Olivenöl anbraten. Zwiebel, Knoblauch und zerbröselte Chilistücke dazugeben. Zum Schluss die Sardellen kurz mitbraten und die Mischung vom Feuer nehmen. Pasta in kochendem Salzwasser bissfest garen und dabei die Brokkoliröschen je nach Größe 3–5 Minuten mitkochen. Pasta mit Brokkoli abgießen und etwas Kochwasser zurückbehalten. Die Pasta mit dem Brokkoli in die Pfanne geben und mit der Soße vermischen. Nach Bedarf mit Kochwasser strecken und mit Petersilie bestreut servieren.

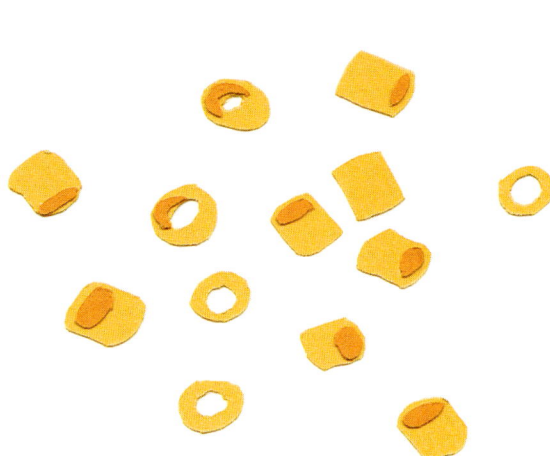

# SPECK UND BRAUNE BOHNEN

**Mehr deftiger Eintopf: Pasta mit Möhren, Sellerie und Salbei**

Schalotte schälen und fein würfeln. Möhren schälen, Sellerie putzen und beides in Scheiben schneiden. Den Salbei putzen und hacken.

Den Speck in Würfel schneiden und in Olivenöl anbraten. Schalotten zum Speck geben und kurz mitbraten. Tomatenmark, Möhren, Sellerie und die Bohnen mit der Flüssigkeit dazugeben und zugedeckt etwa 20 Minuten köcheln lassen. Nach Bedarf das Gemüse mit der Brühe auffüllen, kochen lassen und die Pasta darin bissfest garen. Zum Schluss den Salbei zufügen und mit Salz und Pfeffer abschmecken.

300 g kurze Nudeln, z.B. Ditali lisci

1 Schalotte

2–3 Möhren

2 Stangen Sellerie

8–10 Blätter Salbei

200 g Pancetta, italienischer Speck

2 Esslöffel Olivenöl

3 Esslöffel Tomatenmark

2 Dosen Borlotti-Bohnen (480 g netto)

200–400 ml Brühe

Salz und Pfeffer

**Ditali lisci und Borlotti-Bohnen**

Ditali sehen aus wie kurze Röhren und werden gerne mit Hülsenfrüchten und Speck kombiniert.

Borlotti ist eine in Italien beliebte Bohnensorte, braun mit roten Sprenkeln, die man für würzige Eintopfgerichte, Soßen und Suppen verwendet.

# GNOCCHETTI SARDI MIT SALSICCIA

Kurze Nudeln mit würzigem Wurstbrät in einer dicken Tomatensoße

Die Zwiebel schälen und klein hacken. Sellerie putzen, jede Stange der Länge nach dreiteilen und quer in schmale Streifen schneiden. Die Möhre schälen und auf einer Gemüsereibe fein raspeln. Petersilie und Basilikum putzen, Blätter abzupfen und hacken. Die Wurst aufschneiden, aus der Pelle holen und grob zerzupfen.

Zwiebel in Olivenöl anschwitzen, die Wurst zufügen und mitbraten. Die Möhre und den Sellerie dazugeben und weiterbraten. Das Tomatenmark mitbraten und leicht ansetzen lassen, mit Rotwein ablöschen und den Ansatz lösen. Lorbeerblätter und Tomaten zur Soße fügen und im offenen Topf auf kleiner Flamme etwa 30–40 Minuten köcheln lassen. Die Lorbeerblätter herausnehmen und die Petersilie und das Basilikum dazugeben, mit Salz und Pfeffer abschmecken.

Die Gnocchetti in reichlich Salzwasser bissfest garen und abgießen. Die Pasta mit der Soße mischen und auf Tellern anrichten. Nach Geschmack Parmesan dazu servieren.

*500 g kurze Nudeln, z.B. Gnocchetti Sardi*

*1 Zwiebel*

*1–2 Stangen Sellerie*

*1 große Möhre*

*1 kleines Bund glatte Petersilie*

*1 kleines Bund Basilikum*

*250 g Salsiccia*
*oder eine andere frische Bratwurst*

*2 Esslöffel Olivenöl*

*50 g Tomatenmark*

*100 ml Rotwein*

*2 Lorbeerblätter*

*2 Dosen geschälte Tomaten (800 g)*

*Salz und Pfeffer*

*100 g Parmesan*

# FRÜHLINGSZWIEBELN UND RÄUCHERSPECK

**Viel schwarzer Pfeffer und Parmesan zu krossen Speckstreifen und Lauchzwiebelringen**

Frühlingszwiebeln schälen und in Ringe schneiden. ²/₃ vom Parmesan reiben. Den Speck quer in Streifen schneiden und in einer Pfanne ohne Fett knusprig braten. Den Speck aus der Pfanne nehmen und beiseite stellen; das ausgelassene Fett mit Küchenkrepp entfernen. Die Frühlingszwiebeln mit Butter und Olivenöl in der Pfanne glasig dünsten und dabei den Ansatz des ausgelassenen Specks lösen.

Conchiglie in reichlich Salzwasser bissfest kochen und beim Abgießen etwas Kochwasser zurückbehalten. Die abgegossene Pasta, die Speckstreifen und den geriebenen Parmesan zu den Frühlingszwiebeln geben und gut durchmischen. Nach Bedarf mit etwas Kochwasser strecken und mit dem restlichen Parmesan und schwarzem Pfeffer aus der Mühle servieren.

*500 g kurze Nudeln, z.B. Conchiglie*

*2 Bund Frühlingszwiebeln*

*150 g Parmesan*

*250 g Räucherspeck,*
*in nicht zu dünnen Scheiben*

*30 g Butter*

*2 Esslöffel Olivenöl*

*Salz und schwarzer Pfeffer*

91

# REZEPTREGISTER

**Alle Rezepte für 4 Personen**

## TIPPS

TOMATEN OLIVENBLATT KRESSE BESTECK PETERSILIE NUDELN SALAMI LACHS

BASILIKUM AUBERGINE OLIVEN RADICCHIO KAROTTE

MARONEN GRÜNE NUDELN MANGO PFIFFERLINGE ORANGE LORBEER PEPERONI

GARNELE ZWIEBEL HERZMUSCHELN LOGO CASHEW-NÜSSE

SPINAT THUNFISCH

SCHNITTLAUCH SARDELLEN SPARGEL KABELJAU ARTISCHOCKE TITEL BROKKOLI ZUCKERSCHOTE

KAPERN SALBEI WACHOLDER INGWER FRÜHLINGS ZWIEBEL LINSEN

ROSMARIN

EITRONE PAPRIKA KÜRBIS SCHALOTTEN

CHILI-SCHOTE STEIN PILZ

*Wir danken Alfred Biolek von Herzen, ohne den es die Sendereihe*
*„alfredissimo! Kochen mit Bio" und dieses Pasta-Buch nicht gäbe.*

VERLAG  © Pabel-Moewig Verlag KG, Rastatt
Printed in Germany
ISBN 3-8118-1758-2
www.MOEWIG.de

Die Ratschläge in diesem Buch wurden von Autoren und
Verlag sorgfältig erwogen und geprüft. Dennoch kann eine
Garantie nicht übernommen werden. Eine Haftung der Autoren
bzw. des Verlags für Personen-, Sach- und Vermögensschäden
ist ausgeschlossen.

KONZEPTION  Hilde Müller

BUCHGESTALTUNG & ILLUSTRATIONEN  Barbara Halcour und Thomas von den Driesch

REDAKTION  Andreas Lichter, Hilde Müller, Eng Philipp, Frank Witte

LEKTORAT  Bernd von Fehrn

KOORDINATION  CPA! Communications- und Projektagentur GmbH, Wiesbaden

„alfredissimo! Kochen mit Bio"
Eine Sendung des WDR, hergestellt von der Pro GmbH, Köln.